Gylfaginning

Snorre Sturluson

Gylfaginning

Den gamle nordiske gudelære

(Første del af Snorres Edda)

Finnur Jónsson
(1858-1934)

Oversat af

Finnur Jónsson

Gylfaginning
Den gamle nordiske gudelære
af Snorrre Sturluson
Oversat af Finnur Jónsson
ISBN: 978-87-4301-078-4
© 2019 www.hemskringla.no
Forlag: BoD – Books on Demand, København, Danmark
Tryk: BoD – Books on Demand, Norderstedt, Tyskland

Første udgave: 1902
Genudgivelse: 2019
Heimskringla Reprint.
Ansvh. red.: Carsten Lyngdrup Madsen
Layout: Carsten Lyngdrup Madsen
Omslagsgrafik: Jonas Lau Markussen
www.heimskringla.no

Indhold

Forord

Omkring Aar 1200 havde den islandske originale Sagaskrivning naaet sit Højdepunkt, naar man ser bort fra et Værk som *Snorre Sturlusons* Heimskringla eller de norske Kongers Sagaer fra Urtiden af og til Sverre. Disse Sagaer betegner i og for sig et *Studium* af Fortiden. Men ogsaa paa andre Maader fremtræder der et saadant. Næst efter Sagaen var det den gamle Eddadigtning og den gamle Skjaldekunst, man hægede om paa alle Maader. Skjaldedigtene var desuden nøje knyttede til Sagaen som dennes bedste Kilder og Sandhedsbeviser. Men disse Digte beroede paa Kunst, tilmed en ingenlunde let tilgængelig Kunst. Der skulde betydelige Evner, især Skarpsindighed og Kombinationsevne, og desuden visse positive Kundskaber til for med Held at kunne optræde som Skjald. De gamle Digtes hele Form havde ført til Nødvendigheden af et særligt og et overmaade righoldigt Sprog, der var ejendommeligt for Skjaldene, det saakaldte Skjaldskabssprog, *Skáldskaparmál.* De korte Linjer (paa 4 - 6 normale Stavelser), Rimene (to enslydende eller liglydende Stavelser) i alle otte Linjer af Verset, og endelig Bogstavrimet (et Linjepar forbundet med 3 Rimbogstaver) - alt dette var uomgængelig nødvendigt Tilbehør, som lagde Digteren ikke ubetydelige Hindringer i Vejen. Det Sprog, man til daglig talte slog langtfra til. For de hyppigst forekommende Begreber og Ord, f. Eks. Konge, maatte der først og fremmest skabes flere Betegnelser; en Konge kunde saaledes kaldes "Hersker, Herre, Styrer, osv." eller "Fylker" (af sin Virksomhed som Krigernes Fører) eller, fyldigere, "Mændenes, Krigernes Fylker". Det sidste viser allerede et Skridt i Udviklingen, Tilblivelsen og Brugen af *sammensatte* Betegnelser. Ogsaa saadanne maalte skabes og de anvendtes efter en stor Maalestok. Disse sammensatte Benævnelser, der kaldtes "Kenninger", var af en dobbelt Art; den ene var den overmaade simple, der allerede er omtalt. Den anden, der er udviklet af den første og formelt ensartet dermed, skiller sig derfra ved at indeholde en *Sammenligning*, der er meget nærbeslægtet med den, der findes i alle Gaader. Vilde man spørge, "hvad er det for en Hest, man rider over Havet paa?", vil ingen være i Tvivl om, at det er *Skibet*, der menes; det svarer paa Søen til Hesten paa Landjorden: i Steden for hver Gang at udtrykke dette ved saa mange Ord, fandt man, at det nemmeste var blot at sige "Søens Hest" - saa havde man det hele i en kort og fyndig Betegnelse, der tillige var poetisk anskuelig. For "Sø" og for "Hest" kunde man dernæst anvende alle Synonymer ("Hav, Bølge, Vand, Elv, Flod osv.") og desuden kunde hvert af Leddene atter omskrives. Det er klart, at der var saa at sige ingen Grænser for Kombinationer for en heldig Digter. Paa denne Maade havde Skjaldskabssproget alle Betingelser for at kunne blive overmaade rigt. Bl. a. kunde en tapper Kriger passende sammenlignes med en Gud, f. Eks. Odin, Ty, og kaldes "Kampens, Sværdets, Skjoldets Odin osv." Herved staar vi ved Brugen af mytologiske (og sagnhistoriske) Navne og Begreber i Skjaldskabssproget. Ogsaa andre mytologiske Forestillinger viste sig at kunne afgive Stof til Kenninger. Paa Grund af Myten om, hvorledes Loke berøvede Siv hendes Haar og blev tvungen til at skaffe hende et nyt, og den Omstændighed, at dette nye Haar var helt af Guld, laa det jo nær at kalde Guldet for "Sivs Haar"; naar det hed, at de Taarer, Freyja græd over sin Mand, der aldrig vendte tilbage, var det rene Guld, kunde det ogsaa kaldes "Freyjas Taarer eller Graad" osv. Alt dette blev nu taget i Brug af Skjalden; Følgen var, at han maatte besidde visse, og ikke saa faa, mytologiske (og sagnhistoriske) Kundskaber for at kunne digte rigtig; den unge Skjald maatte lære disse af de ældre, maatte, som en af dem udtrykker sig, "føres til Ravnegudens (Odins) hellige Bæger" (Digterdrikken, Digtekunsten). Før Skriftens og Bøgernes Tid (det 12. Aarh) maatte denne Undervisning foregaa mundtlig, og den foregik i Forbindelse med en udstrakt Udenadslæren af ældre Skjaldes Kvad. I den litterære Tid laa det nær for de i Sagen interesserede at lette de unge Skjalde Arbejdet ved at samle

Stoffet i større eller mindre Grupper og optegne det. De ældste Forsøg i denne Retning bestod i at samle ensbetydende Navne i Remser paa Vers. for at de bedre kunde læres udenad og huskes. Af saadanne Remser findes en betydelig Mængde samlet i et Par Hovedhaandskrifter af Snorres Edda.

En samlet prosaisk, systematisk Fremstilling, oplyst ved træffende Skjaldevers, var det forbeholdt Snorre Sturluson (1178—1241) at give. Tidlig er han kommen i Berøring med Skjaldedigtningen. Det første Digt, der nævnes af ham, er et - nu tabt - Kvad om Hakon Jarl Galin, d. 1214; det maa være forfattet senest 1213, men Snorre, der da var allerede 35 Aar, har sikkert forsøgt sig endnu tidligere som Skjald, og herved er han kommen til at beskæftige sig med den til Kunstens Udøvelse hørende, nødvendige Lærdom. Den Lyst til videnskabelig, kritisk Behandling og Fremstilling, som han lægger saa smukt for Dagen i sit berømte historiske Værk, har gjort sig gældende overfor Skjaldedigtningen, dens Teori og Sprog, og han har foretaget sig at forfatte en Lærebog for "unge Skjalde". Det nære Forhold mellem Skjaldesproget og Mytologien indsaa han grant, og han har fra først af været paa det rene med, at en Fremstilling af det vigtigste af den gamle Mytologi som Grundlag var nødvendig. Og saa skrev han sin *Edda*, hvilket Ord utvivlsomt betyder "Poetik" (Digtekunst) i gammel nordisk Forstand. Dette Værk findes fuldstændig i flere Haandskrifter[1]. Den anden Hoveddel af dette Værk bestaar af en systematisk Fremstilling af Skjaldskabssproget, d. v. s. de poetiske Omskrivninger og Benævnelser af enhver Art; ind imellem skyder Snorre nogle Gange længere Prosastykker af mytologisk eller sagnhistorisk Indhold af stor Værdi. Værkets tredje Hoveddel er hans eget, 102 Vers lange, Digt om Kong Hakon den gamle og Hertug Skule, forfattet med den største Kunst i forskellige Versemaal; derfor kaldt Háttatal. Gennem dette Digt vinder vi en Tidsbestemmelse for Værkets Tilblivelse der antydes Begivenheder i Norge fra 1221, men ingen senere; Digtet maa derfor være forfattet senest 1222-23. Men det forudsætter at alt det øvrige dengang forelaa. Da nu

---

[1] Jfr. herom en Afhandling i Aarbøger for nordisk Oldkyndighed og Historie 1898.

Snorre var udenlands 1218-20, er det rimeligst at tænke sig, at Væket, for største Delen i alt Fald, var færdigt før 1218.

Den første Hoveddel er Snorres Fremstilling af den gamle Mytologi, bestaaende af Spørgsmaal og Svar mellem den forklædte Kong Gylve og den treenige Odin, Høj, Jævnhøj og Tredje. Denne Form er hentet fra de almindelige middelalderlige Lærebøger. Indholdet er Verdens mytiske Historie i kronologisk Orden fra Verdens Tilblivelse til dens Undergang, hvori indordnes en Beskrivelse af Verdens vigtigste Fænomener, af de enkelte Guder og Gudinder, samt de uforlignelige Afsnit om Tors Storbedrifter, der i stilistisk Henseende er sande Mesterstykker. Denne mytiske Histories vigtigste Kilde og Forbillede er det gamle Eddadigt fra det 10. Aarh., Vølvens Spaadom. Snorre følger med en enkelt Undtagelse Digtets Fremstilling og anfører mange Vers deraf. Men han anfører langt fra alle de Vers, han har benyttet. Det ses, at Snorre har haft Digtet i væsenlig samme Form som den, vi kender. Andre Digte, der har været Snorres vigtigste Kilder er Vavtrudnismaal og Grimnismaal; om Benyttetsen af dem gælder det samme. Foruden disse og enkelte andre Digte (jfr. Fortegnelsen bag i Bogen) har Snorre benyttet den mundtlige Overlevering; dette gælder især de længere Prosastykker (Tors Rejser, Lokes Børn, Balders Død osv.). At han ikke har faaet alt med i sin Fremstilling fremgaar deraf, at et Par Myter har han stukket ind i det andet Hovedafsnit, samt af at han i sin Heimskringla anfører Myter, der ikke findes her. Fremstillingen har enkelte Huller, der aabenbart beror paa mangelfuld Viden ikke blot hos Snorre selv, men ogsaa has hans Samtid. Han har ogsaa behandlet sine Kilder undertiden noget frit og fortolket dem vilkaarligt, vistnok fordi hans videnskabelige Metode endnu ikke havde faaet den Sikkerhed, som vi mærker i Heimskringla. Tiltrods for hvad der saaledes med Rette kan udsættes paa Snorres Fremstilling, er den dog beundringsværdig, naar vi ser hen til den Tid, den hidrører fra. Dens Betydning ligger ikke alene i de forskellige Vink, den indeholder til Forstaaelse af Enkeltheder i de benyttede Digte, men ogsaa og især ved den Del af Indholdet, der ikke kendes andet Steds fra, og dette er ikke saa lidet. Foruden dette er det jo altid interessant at se, hvad en intelligent Mand kan faa ud af et Æmne, der i Snorres Tid maatte være saare vanskeligt at behandle. Den, der vil beskæftige sig med den gamle Mylologi, kan umulig forbigaa Snorres Edda, især dennes første Del; tværtimod maa den i flere Henseender regnes som en Kilde af Rang.

Snorre er, som fremhæved i Anmærkningerne, ikke saa lidt paavirket af kristelige Forestillinger (Alfader-Bemærkningerne); dette hænger sammen med hele hans, Syn paa de gamle Guder som oprindelig fremragende Mennesker (jordiske Høvdinger), hans euhemeristiske Opfattelse. Denne har han fremsat i Heimskringla samt i sin egen Fortale til Eddaen; da denne Fortale, der ogsaa i andre Henseender er mærkelig for Snorres Tid, saaledes staar i den nøjeste Forbindelse med Snorres mytologiske Fremstilling, er den medtaget her.

Fremdeles maa det erindres, at hele det første Afsnit egenlig kun er Indledning til det andet; man mærker gentagne Gange, at det egenlige Formaal med det hele er at undervise unge Skjalde. Saaledes undlader Snorre f. Eks. ikke at optage de længere Fortegnelser over Dværgenes Navne, Odins Navne, Elves Navne og lign. Derfor har jeg ikke anset mig berettiget til at udelade nogen af disse Navneremser, da det vilde have fordunklet Værkets Karakter.

Som Tillæg er tilføjet de Myter, der findes i det andet Afsnit, da de supplerer det første paa en ret heldig Maade.

Nærværende Oversættelse er fremkommet, fordi man har ment, at der maatte være ikke saa faa, der, ude af Stand til at læse Originalen, kunde have Interesse af og Lyst til at gøre sig bekendt med Snorres mytologiske Fremstilling. Forudsat at det maatte forholde sig saa, er Oversættelsen ikke overflødig, eftersom Nyerups gamle Oversættelse (2. Udgave 1865) nu ikke mere er at faa og lider desuden af enkelte Mangler; det samme gælder vistnok ogsaa E. Jessens fra 1867, der ogsaa lider af flere Særheder i den sproglige Gengivelse.

11

Ikke uden Betænkeligheder har jeg paataget mig at udføre en Oversættelse som denne til et Sprog, der ikke er mit Modersmaal, og der vil sikkert findes endel at bemærke, tiltrods for at jeg har søgt at gøre Arbejdet saa godt jeg kunde. En udmærket Hjælp har Hr. Bibliotekar Dr. Kr. Kaalund ydet mig ved at gennemlæse mit Manuskript og give mig gode Vink med Hensyn til flere Enkeltheder: herfor bringer jeg ham min bedste Tak. Det fulde Ansvar paahviler selvfølgelig mig alene. Jeg har med Flid undgaaet al Arkaiseren og kun villet gengive Teksten i et saa moderne og godt Sprog, som jeg kunde; jeg har efter Evne søgt at gengive Snorres vekslende Stil, idet han snart er alvorlig og opfyldt af den Tragik, Indholdet har (f. Eks. i Afsnittene om Balders Død og Verdens Undergang), snart, efter Indholdet, fint ironisk og overlegen spydig (i forskellige af Gangtræts Replikker, i Afsnittet om Tor og Udgaardsloke).

Endelig bemærkes, at de ovenfor nævnte Oversættelser har jeg ikke benyttet. Derimod har jeg ved Gengivelsen af Versene haft Støtte i H. G. Møllers Oversættelse af "Den ældre Edda" (1870) og laant derfra nogle Udtryk. Flere af de verbale Overensstemmelser er dog ganske tilfældige.

København, April 1902.

FINNUR JONSSON.

Snorres Fortale

Den almægtige Gud skabte i Begyndelsen Himmel og Jord og alle de Ting, som dertil hører, og til sidst to Mennesker, hvorfra Slægter nedstammer, Adam og Eva; og deres Afkom blev talrigt og spredtes over hele Jorden. Men da der var gaaet en Tid, blev Menneskene indbyrdes ulige; nogle var gode og rettroende, men langt de fleste lod sig lede af Verdens Tillokkelser og ringeagtede Guds Bud; derfor druknede Gud i en Søgang Verden og alle dens levende Væsner undtagen dem, som var med Noah i Arken. Efter Noah-Floden (Syndfloden) levede der 8 Mennesker, der nu befolkede Jorden og som avlede (nye) Slægter. Men det skete atter, som før, at da Befolkningen blev talrig og Jorden vidt omkring bebygget, kom den allerstørste Del af Menneskeheden til at begære Gods og Hæder, og brød sig ikke om at adlyde Gud. Ja, det kom saa vidt, at man ikke vilde nævne Gud (Guds Navn). Hvem havde da kunnet fortælle deres Sønner om Guds store Gærninger? Det kom dertil, at de glemte Guds Navn, og der gaves næsten ikke et Menneske rundt omkring paa Jorden, der vidste Besked om sin Skaber. Ikke desto mindre skænkede Gud Menneskene jordisk Overflod: Gods og Rigdom at leve af i Verden; ogsaa Visdom gav han dem, saa at de kunde forstaa alle jordiske Ting og alle Foreteelser, der skete i Luften og paa Jorden. Med Undren anstillede de Betragtninger over, hvad der var Grunden til, at Jord og Dyr og Fugle i visse Henseender havde Natur tilfælles, medens de dog var hinanden meget ulige i Væsen. Naar man f. Eks. gravede ned i Jorden i høje Fjældtoppe, saa vældede der Vand frem uden at man behøvede at grave dybere ned end i de dybe Dale; saaledes var det ogsaa med Dyr og Fugle; der var ikke længere til

13

Blodet i Hovedet end i Benene. En anden Egenskab, som Jorden har, er den, at der paa den hvert Aar vokser Græs og Planter, og i Løbet af det samme Aar falder det alt af og visner; saaledes er det ogsaa med Dyr og Fugle, at Haar og Fjer vokser paa dem og falder af i Løbet af et Aar. En tredje Egenskab, Jorden har, er, at naar den aabnes og der graves i den, gror der Græs i den Muld, der er øverst. Klipper og Stene jævnstillede man med Dyrenes Tænder og Knokler. Herved mente de at forstaa, at Jorden var paa en vis Maade levende, og de indsaa, at den var overmaade gammel af Aar og kraftig i sin Natur; den nærede alle levende Væsner, og den kom i Besiddelse af alt, hvad der døde. Af den Grund gav de den et Navn [Moder Jord] og regnede deres Slægt op til den (hende). Ligeledes erfarede de af deres ældre Slægtninge, at i mange Hundreder af Aar havde der været den samme Jord og Sol og samme Himmellegemer; men disses Gang (Bane) var ulige: nogles var længere, andres kortere. Heraf formodede de, at der maatte være een, der styrede Himmellegemerne, som efter egen Vilje bestemte deres Bane, og han maatte være saare mægtig og stærk; og de forudsatte, at dersom han beherskede Elementerne, maatte han have været før Himmellegemerne, og de saa, at dersom han raadede for Himmellegemernes Bevægelse, maatte han ogsaa raade for Solens Skin, Luftens Dug og Jordens derfra stammende Afgrøde, ligeledes for Luftens Vind og Havets Storme. Men hvor hans Rige (Hjemsted) var, vidste de ikke. Men de havde den Tro, at han styrede alle Ting paa Jorden og i Himmelluften, Himmellegemerne, Havet og Vindene. Men for at man med større Sikkerhed kunde fortælle derom eller huske det, gav man alle Ting bestemte Navne. Denne Tro har forandret sig paa mange Maader, efter som Folkene deltes og Sprogene splittedes Men de forstod alle Ting med jordisk Forstaaelse, ti den aandelige Visdom var dem nægtet. Derfor mente de, at alle Ting maatte være gjorte af et eller andet Stof.

2. Verden deltes i tre Dele; en gik fra Syd mod Vest og ind til Midtjordssøen (Middelhavet); den Del kaldtes Afrika; den sydlige Del af den er ophedet af Solen, saa at alt svides dér. Den anden Del gaar fra Vest mod Nord og ind til Havet; den hedder Evropa eller Ænea; den nordlige Del af den er saa kold, at

dér vokser intet Græs og dér bor intet Menneske. Fra Nord og over hele den østre Del og helt op imod Syd kaldes Asia; i den Verdensdel er al Herlighed og Pryd og Overflod af Frugter, Guld og Ædelstene. Og dér er Jordens Midte. Og saaledes som Jorden dér er skønnere og i alle Henseender rigere og bedre end andre Steder, saaledes blev Befolkningen der ogsaa mest udmærket ved alle Goder, Visdom og Styrke, Skønhed og alslags Færdigheder.

3. Nærved Verdens Midte opførtes det Hus og Herberg, der er blevet det berømteste af alle, det som kaldtes Troja i det Land, vi kalder Tyrkland. Denne Stad var langt større end andre og bygget med større Kunstfærdighed paa mangfoldig Vis med stor Bekostning ved de Midler, som var forhaanden. Dér var 12 Kongedømmer og een Overkonge; hvert Kongedømme bestod af mange Folkelande. I Staden var der 12 Høvdinger; disse har overgaaet alle andre Mennesker, som har boet i Verden med Hensyn til alle mandige Egenskaber. En af Kongerne dér hed Munon eller Mennon; han var gift med Hovedkongen Priamus' Datter, der hed Troan: de havde en Søn, der hed Tror - ham kalder vi Tor: han blev opfødt i Trakien hos den Hertug, der hed Lorikus; da han var 10 Aar gammel, modtog han sin Faders Vaaben. Saa smuk var han af Udseende, naar han stod blandt andre, som naar Elfenben indlægges i Træ: hans Haar er mere lysende end Guld; da han var 12 Aar gammel var hans Styrke fuldt udviklet; da løftede han op fra Jorden 10 Bjørnehuder paa engang og da dræbte han sin Fosterfader Hertug Lorikus og hans Hustru Lora eller Glora og underkastede sig Riget Trakien, det kalder vi Trudheim. Derefter drog han vide om Lande og undersøgte alle Verdensdele og sejrede, skønt alene over alle Bersærker og alle Jætter og en af de største Drager og mange Dyr. I den nordlige Verdensdel traf han den Spaakvinde, der hed Sibil - hende kalder vi Siv - og ægtede hende. Sivs Herkomst ved jeg ikke at meddele. Hun var den skønneste af alle Kvinder; hendes Haar var som Guld. Deres Søn var Loride, der lignede sin Fader; hans Søn var Einride, hans Søn Vingetor, hans Søn Vingener, hans Søn Moda, hans Søn Mage, hans Søn Seskef, hans Søn Bedvig, hans Søn Athra - som vi kalder Anden hans Søn Itrmann, hans Søn Heremod, hans Søn Skjaldun - hvem vi kalder Skjold -, hans

Søn Biaf - hvem vi kalder Biar - hans Søn Jat, hans Søn Gudolf, hans Søn Finn, hans Søn Friallaf - hvem vi kalder Fridleif; denne havde den Søn, der hed Voden - ham kalder vi Odin; han var berømt for sin Visdom og al sin Idræt. Hans Hustru hed Frigida; hende kalder vi Frigg.

4. Odin, og ligeledes hans Hustru, besad Spaadomsevne; ved Hjælp deraf fandt han, at hans Navn vilde blive bevaret og hædret i den nordlige Verdensdel fremfor alle Kongers. Derfor fik han Lyst til at drage bort fra Tyrkland, og han ledsagedes af en stor Skare, baade unge og gamle, Mænd saavel som Kvinder; de havde med sig mange udmærkede Klenodier. Hvor de saa end kom, fortaltes der om dem mange berømmelige Ting, saa at de syntes mere at ligne Guder end Mennesker. De stansede ikke, førend de kom til det Land mod Nord, som nu hedder Saksland. Her opholdt Odin sig længe og bemægtigede sig store Dele af det Land. - Til at styre og værne Landet satte Odin 3 af sine Sønner, af hvilke en hed Vegdeg; han var en mægtig Konge og herskede over Øst-Saksen; hans Søn var Vitrgils; hans Sønner var Vitta, Heingests Fader, og Sigar, Fader til Svebdeg, hvem vi kalder Svipdag. Odins anden Søn hed Beldeg, hvem vi kalder Balder; han ejede det Land, som nu hedder Vestfalen; hans Søn var Brand, hans Søn Friodigar, hvem vi kalder Frode, hans Søn Freovin, hans Søn Wigg, hans Søn Gevis, hvem vi kalder Gave. Odins tredje Søn hed Sige, hans Søn var Rerir; han og hans Efterkommere herskede over det Land, som nu kaldes Frankland; fra dem stammer den Slægt, som hedder Vølsunger. Fra dem alle [Odins Sønner] nedstammer store og talrige Slægter. Saa foretog Odin sig en Rejse mod Nord og kom til det Land, som de kaldte Reidgotaland, her tilegnede han sig alt, hvad han ønskede. Over det Land satte han sin Søn Skjold; hans Søn var Fridleif; derfra stammer den Slægt, der kaldes Skjoldunger; det er Danernes Konger. Og det hedder nu Jylland, som dengang kaldtes Reidgotaland.

5. Derpaa drog Odin videre mod Nord til det Land, som nu hedder Svitjod. Der var en Konge, som hed Gylfe. Da han hørte om Asiamændernes Rejse - de kaldtes nu Aser - drog han ud imod dem, og tilbød Odin, at han skulde faa

saa megen Magt i hans Rige, som han selv vilde. En saadan Velsignelse fulgte med de rejsende, at hvor de end opholdt sig, var der god Aaring og fred, og alle troede, at det var deres Skyld, ti de mægtige Mænd kunde se, at de overgik andre Folk, som de havde set, i Skønhed og Forstand. Der fandt Odin at der var smukke Sletter og udmærket Land, og han udvalgte sig der en Borgplads; det Sted hedder nu Sigtun. Der indsatte han Høvdinger i Lighed med hvad der havde været Tilfældet i Troja, 12 Høvdinger i Staden for at dømme efter Loven; ligeledes indrettede han alle Straffebøder, saaledes som det før havde været i Troja og Tyrkerne var vant til. Derefter drog han mod [Nordvest], indtil det Hav stansede ham, som efter deres Mening omgav hele Jorden, og han satte sin Søn til at herske over det Rige, som nu hedder Norge. Han hed Sæming; ham regner de norske Konger for deres Stamfader; det samme gør Jarler og andre Høvdinger, saaledes som der berettes i Háleygjatal. Odin havde med sig en Søn, som hed Yngve, der efter sin Fader var Konge i Svitjod; fra ham stammer de Slægter, der kaldes Ynglinger. Aserne tog sig Hustruer der i Landet; nogle giftede deres Sønner med indenlandske Kvinder. Alle disse Slægter blev saa talrige, at rundt omkring i Saksland og over alle de nordlige Lande spredtes de, saa at deres, Asiamændenes, Tunge blev disse Landes egenlige Tungemaal. Deraf, at deres Forfædres Navne er optegnede, mener man at kunne skønne, at disse Navne har fulgt med denne Tunge, samt at Aserne har bragt den med sig til de nordlige Lande, til Norge og Sverrig, til Danmark og Saksland. Men i England er der gamle Lands- og Stedsnavne, som, efter hvad man kan forstaa, hidrører fra et andet Sprog end denne Tunge.

Her begynder Gylfis Øjenforblindelse

1. Gylfe hed en Mand; han var Konge, vis og troldkyndig. Han undrede sig i høj Grad over, at Asernes Folk var saa kyndigt, at alt gik som de ønskede. Han overvejede om det havde sin Grund i deres egen Natur, eller om det var de Gudemagters Skyld, som de ofrede til. Han foretog sig saa en Rejse til Asgaard, forklædt og i en gammel Mands Skikkelse, og skjulte sig saaledes. Men Aserne var saa meget klogere end han, at de besad Spaadoms-evne; de blev hans Rejse var, før han kom, og modtog ham med Øjenforblin-delser. Da han traadte ind i Borgen, saa han der en Hal saa høj, at man næppe kunde se op over den; dens Tag var belagt med gyldne Skjolde [lagvis] som et Spaantag. Tjodolv den hvinverske siger, at Valhal var tækket med Skjolde, saaledes:

> 1. Paa Ryggen lod de blinke
> - med Sten blev de slaaet -
> Odins Sal-næver,
> de tænksomme Krigere.

Gylfe saa en Mand i Hallens Dør, der legede med Haandsakse; han havde 7 i Luften paa engang. Denne spurgte ham først om Navn. Han kaldte sig Gang-træt og sagde, at han var gaaet ad ukendte Stier og ønskede at faa Nattely, og spurgte, hvem der ejede Hallen. Den anden svarede, at det gjorde deres Konge - "jeg kan følge dig til ham; saa kan du selv spørge ham om hans Navn". Manden gik saa ind i Hallen foran ham, men han fulgte efter; Døren lukkedes straks efter ham, [af sig selv]. Derinde saa han mange Rum og mange Mænd; nogle legede, andre drak; nogle var under Vaaben og sloges. Da saa han sig om og syntes, at han saa mange mistænkelige Ting. Da sagde han:

2. Alle Dørkroge
bør efterses
før man gaar længere ind;
ingen ved,
hvor Uvenner lurer
inde paa Sæder i Sal.

Gylfe saa 3 Højsæder, det ene ovenover det andet; i hvert af dem sad der en Mand. Han spurgte, hvad deres Høvding hed. Da sagde den, som havde ført ham ind, at den, som sad i det nederste Højsæde, var Kongen, "og han hedder Høj; den næste hedder Jævnhøj; den, der sidder øverst, hedder Tredje". Da spurgte Høj den fremmede, hvad Ærinde han videre havde; der i Højs Hal stod det ham som alle andre frit for at faa Mad og Drikke. Han sagde, at han vilde først vide, om der inde var nogen kyndig Mand. Høj svarede, at han ikke skulde komme levende ud, medmindre han var den kyndigste - "og bliv du staaende der, medens du spørger. Den, der svarer, skal sidde".

2. Gangtræt begyndte sin Tale saaledes: Hvem er den ypperste eller den ældste af alle Guder? - Høj svarede: Han hedder Alfader paa vort Maal, men i det gamle Asgaard havde han 12 Navne; det første er Alfader, det andet Herran eller Herjan, det 3. er Nikar eller Hnikar, det 4. Nikud eller Hnikud, det 5. Fölnir, det 6. Oske, det 7. Ome, det 8. Bivlide eller Bivlinde, det 9. Svidur, det 10. Svidrir, det 11. Vidrir, det 12. Jalg eller Jalk. –

Da spurgte Gangtræt: Hvor er den Gud eller hvad Magt har han, og hvilke Bedrifter har han udført? - Høj svarede: Han lever til alle Tider og styrer hele sit Rige og raader over alt smaat saavel som stort. - Da sagde Jævnhøj: Han dannede Himmel og Jord og Luft og alt hvad dertil hører. - Da sagde Tredje: Det største er dog det, at han dannede Mennesket og gav det den Sjæl, der skal leve og aldrig forgaa, selv om Legemet raadner og bliver til Jord eller brænder og bliver til Aske. Alle de Mennesker, der har den rigtige Tro, skal leve og være hos ham paa det Sted som hedder Gimle, men slette Mennesker kommer til Dødsriget og derfra ned til Niflhel, nede i den niende Verden. - Da sagde Gangtræt: Hvad foretog han sig før end Himlen og Jorden blev dannet? - Da svarede Høj: Da var han hos Rimturserne.

3.

Gangtræt sagde: Hvad var Begyndelsen, eller hvordan skete den; hvad var der før? - Høj svarede: Saaledes som det hedder i Vølvens Spaadom:

> 3. I Tiders Morgen
> var der intet til,
> ej Sand eller Sø
> eller svale Bølger;
> der fandtes ej Jord
> eller Himmel foroven
> der var Ginnungegab,
> af Græs var der intet.

Da sagde Jævnhøj: Mange Hundredaar før end Jorden blev til, blev Niflheim (Mørkets Verden) skabt. Midt i den ligger den Brønd, der hedder Hvergelmir; fra den strømmer følgende Elve: Sval, Gunntraa, Fjørm, Fimbultul, Slid og Hrid, Sylg og Ylg, Vid, Leiptr; Gjall er nærmest ved Hels Gærde. - Da sagde Tredje: Først var der dog den Verden i den sydlige Verdensdel, som hedder Muspell; den er lys og varm - den Himmelegn er luende og brændende - og ubeboelig for dem, som der er fremmede og som ikke der har Odelseje. Han hedder Surt, som sidder der ved Grænsen til Landeværn; han har et flammende Sværd; ved Verdens Ende vil han drage afsted for at hærge, og han vil overvinde alle Guderne og opbrænde hele Verden med Ild; saaledes hedder det i Vølvens Spaadom:

> 4. Surt kommer sydfra
> med svidende Ild;
> det skinner som Sol
> af Valgudens Sværd;
> Stenbjærge styrter
> Trolde falder,
> Mennesker dør,
> Himlen brister.

4. Gangtræt sagde: Hvad gik der for sig, før Menneskeslægter opstod og formerede sig? - Da sagde Høj: Da de Elve, som kaldes Elivaage, var komne saa langt bort fra deres Udspring, at den Eddergæring, som fulgte dermed, størknede som de Slagger, der flyder ud af Ilden, blev det hele til Is, og da den Is standsede og holdt op med at bevæge sig, dækkedes den med Rim, og den fugtige Damp, der udgik fra Edderen, frøs ligeledes til Rim, og saaledes dannedes der det ene Lag Rim over det andet helt ned til Ginnungegab. - Da sagde Jævnhøj: Den Del af Ginnungegab, som vendte mod Nord, blev opfyldt af Isens og Rimens Tyngde og Vægt, og der inden for var der fugtig Udstraaling og kold Lufttræk, men den sydlige Del af Ginnungegab blev let, idet den mødte de Gnister og Funker, der fløj ud fra Muspellsheim. - Da sagde Tredje: Saaledes som der udgik Kulde fra Niflheim og som alt der var barskt, saaledes var alt i Nærheden af Muspell varmt og lyst, men Ginnungegab var saa mildt som den stille Luft; da nu Varmens Luftning mødtes med Rimen, saaledes at denne smæltede og begyndte at dryppe, saa opstod der ved dens Hjælp, som sendte Varmen, Liv i de rindende Draaber, og der dannedes et menneskelignende Væsen, som kaldtes Ymir, men Rimturserne kalder ham Ørgelmir; fra ham stammer Rimtursernes Slægter, saaledes som det hedder i Vølvens Spaadom den korte:

5. Alle Vølver
stammer fra Vittolv,
men fra Vilmeid
alle Troldmænd;
Sejdmænd alle
fra Svarthøfde,
alle Jætter
er Ymirs Afkom.

Men her siger Jætten Vavtrudnir saa:

6. Fra Elivaage
sprang Edderdraaber,
voksed og vorded en Jætte;
der mødes alle
vore Slægter;
derfor har vi Barskhed i Bryst.

Da sagde Gangtræt: Hvorledes opstod deraf Slægter og hvor kunde det ske, at flere "Mennesker" blev til af ham; eller tror I maaske paa, at han, som du nu fortalte om, er en Gud? - Da svarede Jævnhøj: Paa ingen Maade mener vi, at han er en Gud; han var ond og alle hans Slægtninge ligeledes; vi kalder dem Rimturser. Men det fortælles, at da han sov, kom han til at svede, og da voksede der frem under hans venstre Arm en "Mand" og en "Kvinde", og det ene Ben avlede en Søn med det andet, og deraf opstod der Slægter; det er Rimturserne. Den gamle Rimturs, det er ham, vi kalder Ymir.

5. Da sagde Gangtræt: Hvor boede Ymir og hvoraf levede han? - Høj svarede: Da Rimen smeltede, opstod dernæst deraf den Ko, som hedder Ødumla; fra dens Yver strømmede fire Mælkefloder og den gav Ymir Næring. - Da sagde Gangtræt: Men hvoraf levede Koen? - Høj siger: Den slikkede de

Rimstene, som var salte; den første Dag, den slikkede dem, kom der om Aftenen et Menneskes Haar ud af Stenen, den næste Dag et Menneskehoved; den tredje Dag var det blevet til et helt Menneske; han kaldtes Bure; han var smuk af Udseende, stor og kraftig; han fik den Søn som hed Borr. Denne ægtede den Kvinde, der hed Bestla, en Datter af Jætten Böltorn; de fik tre Sønner, hvoraf den første hed Odin, den anden Vilje, den tredje Ve. Og det er min Tro, at denne Odin og hans Brødre styrer Himmel og Jord; vi holder for, at det er hans Navn. Saaledes hedder den største og berømteste Mand, vi kender, og saaledes kan I ogsaa benævne ham.

6. Da sagde Gangtræt: Hvorledes gik det med deres Enighed, og hvem var de mægtigste? - Da svarede Høj: Bors-Sønnerne dræbte Jætten Ymir. Men da han blev slaaet ihjel, strømmede der saa meget Blod ud af hans Saar, at deri druknede de Rimtursernes hele Slægt, med Undtagelse af een, der undslap med sin Husstand. Ham kalder Jætterne Bergelmir; han besteg sin "Lur" og ligeledes hans Kone, og de frelstes der; fra dem stammer [nye] Rimturse-Slægter; saaledes fortælles her:

> 7. Et Utal af Aar,
> før Jorden blev skabt,
> blev Bergelmir baaren;
> det først jeg mindes
> at den kyndige Jætte
> blev paa "Ludr" lagt.

7. Da sagde Gangtræt: Hvad foretog Bors-Sønnerne sig saa, hvis du tror, at de er Guder? - Høj svarede: Derom er der ikke lidet at fortælle. De tog Ymir og førte ham midt ud i Ginnungegab, og dannede Jorden af ham - af hans Blod Havet og Indsøerne, Jorden [det faste Land] af Kødet, Klipperne af Knoklerne, Stenhobe og Urer gjorde de af Tænderne og Kindtænderne og af de knækkede Knokler. - Da sagde Jævnhøj: Af det Blod, som flød ud af Saarene og strømmede frit, dannede de det Hav, hvormed de omgav og sammenholdt Jorden; de lagde det rundtomkring den; og alle vil finde det umuligt at komme over det Hav. - Da sagde Tredje: De tog ogsaa hans Hjærneskal og dannede Himlen deraf og satte den over Jorden; den havde fire Hjørner, og under hvert af disse satte de en Dværg; de hedder Østre, Vestre, Nordre, Sydre. Saa tog de de Funker og Gnister, der for omkring og som var kommen flyvende fra Muspellsheim, og satte dem midt i Ginnungegab paa Himlen baade oppe og nede for at oplyse Himlen og Jorden. De gav alle lysende Legemer bestemte Steder, nogle paa Himlen, andre bevægede sig frit under Himlen, og dog gav de ogsaa dem bestemte Pladser og afmærkede deres Baner. Det fortælles i gamle Digte, at fra den Tid af skelnede man mellem Dag og Nat og talte Aar; saaledes hedder det i Vølvens Spaadom:

> 8. Solen ej vidste,
> hvor Sale den ejed;
> Maanen ej kendte,
> hvad Kraft den ejed;
> Stjærnerne ej vidste,
> hvor de Steder ejed.

Saaledes var det, før dette [det sidst fortalte] skete. - Da sagde Gangtræt: Dette er mærkelige Tidender, som jeg nu har hørt. Verden er et overmaade stort og kunstfærdigt Værk. Hvorledes var Jordens Form? - Da svarede Høj: Den er udvendig rund og uden om den gaar det dybe Hav; langs med det Havs Kyst gav de Jætternes Slægter Lande til at bo i. Men længere inde paa Jorden byggede de en Borg omkring Verden [det beboede Land] til Værn mod Jætternes Ufred; til den Borg benyttede de Jætten Ymirs Øjenvipper, og de kaldte den Borg Midgaard. De tog ogsaa hans Hjærne og kastede den op i Luften og gjorde deraf Skyerne, saaledes som det fortælles her:

9. Af Ymirs Kød
blev Jorden skabt,
Havet af hans Blod;
Klipper af hans Knokler,
Træer af hans Haar,
Himlen af hans Hovedskal.

10. Af hans Vipper
skabte de blide Magter
Midgaard før Menneskebørn;
af hans Hjærne
blev alle Luftens
bistre Skyer skabte.

8. Da sagde Gangtræt: Meget havde de, forekommer det mig, udrettet, da Jorden og Himlen var skabt, Solen og Himmellegemerne stedfæstede, og der var skelnet mellem Dag og Nat. Men hvorfra kom de Mennesker, der befolkede Verden? - Da svarede Høj: Da Bors-Sønnerne gik langs Strandbredden, fandt de to Træer; dem tog de op og dannede deraf Mennesker; den første gav dem Aande og Liv, den anden Forstand og Bevægelse, den tredje Aasyn, Mæle, Hørelse og Syn; de gav dem Klæder og Navne: Manden kom til at hedde Ask, Konen Embla; fra dem stammer den Menneskeslægt, hvem det blev forundt at bo indenfor Midgaard. Dernæst gjorde Bors-Sønnerne sig en Borg midt i Verden, som kaldes Asgaard; det Sted kalder man [eller: Menneskene] Troja. Der tog Guderne og deres Slægter Bo, og derefter skete der mange Tidender og Forandringer baade paa Jorden og i Luften. Der er et Sted, der hedder Hlidskjalf; hvergang Alfader sætter sig der i Højsædet, ser han over alle Verdner og enhver Mands Forehavende, og han forstaar alt, hvad han ser. Hans Hustru hed Frigg Fjørgvinsdatter, og fra dem stammer den Slægt, som vi kalder Asaslægt og som har bebygget det gamle Asgaard og de dertil hørende Riger, og det er en Gudeslægt. Derfor kan han

rettelig kaldes Alfader, fordi han er Fader til alle Guder og Mennesker og alt det, som af ham og ved hans Kraft blev fuldbyrdet. Jorden var hans Datter og hans Hustru; med hende fik han den første Søn; det er Asator; han besad Kraft og Styrke, hvormed han overvinder alle levende Væsner.

9. Nørve - eller Narve - hed en Jætte, der boede i Jøtunheim; han havde en Datter, der hed Nat; hun var sort og mørkladen som hendes Slægt var. Hun var gift med den Mand, der hed Naglfare; deres Søn hed Ød. Derpaa blev hun gift med en, som hed Aanar. Deres Datter hed Jord. Til sidst ægtedes hun af Delling, der var af Asaslægt; deres Søn var Dag; han var lys og skinnende som hans Fader. Da tog Alfader Nat og hendes Søn Dag og gav dem to Heste og to Kærrer og sendte dem op paa Himlen for, i Løbet af et Døgn at køre rundt omkring Jorden. Nat kører foran med den Hest, som kaldes Rimfakse; hver Morgen bedugger den Jorden med Skumdraaberne fra dens Bidsel. Den Hest, som tilhører Dag, hedder Skinfakse; af dens Manke oplyses hele Luften og Jorden.

10. Da sagde Gangtræt: Hvorledes styrer han Solens og Maanens Gang? - Høj siger: En Mand ved Navn Mundilfare havde to Børn; de var saa straalende smukke, at han kaldte sin Søn Maane og Datteren Sol, og hende giftede han med den Mand, som hed Glen. Men Guderne blev vrede over dette Overmod og tog de to Søskende og satte dem op paa Himlen, lod Sol styre de Heste, der trak den Sols Kærre, som Guderne havde skabt, for at lyse i Verdnerne, af den Funke, der var kommen fra Muspellsheim; de Heste hedder Aarvaagen og Alstærk. Under Hestenes Bove anbragte Guderne to Blæsebælge for at afsvale dem; i nogle Digte kaldes denne Indretning Isarnkol (jærnkold Luftning). Maane styrer Maanens Gang og raader for Ny og Næ; han tog to Børn fra Jorden, der hed Bil og Hjuke, engang da de gik fra en Brønd ved Navn Byrgir; de bar paa deres Skuldre et Kar, der hedder Sæg,

men Stangen [hvori det hang] hed Simul. Vidfinn hed deres Fader. Disse Børn følger Maanen, som man kan se nede fra Jorden.

11. Da sagde Gangtræt: Solen bevæger sig meget hurtig, og det ser næsten ud som var den bange; ikke vilde den fremskynde sin Gang mere, om den var bange for sin Død. - Da svarede Høj: Det er ikke saa underligt, at den skynder sig saa stærkt; den, der forfølger den, trænger haardt ind paa den, og den har ingen anden Udvej end at flygte. - Da sagde Gangtræt: Hvem er det, der volder den al denne Ulempe? - Høj siger: Det er to Ulve. Den, der forfølger Solen, hedder Skoll; den er Solen bange for, og den vil ogsaa sluge den; men den hedder Hate Hrodvitnirssøn, der løber foran Solen; og den vil tage Maanen; og saaledes vil det ske. - Da sagde Gangtræt: Hvorfra stammer de Ulve? - Høj siger: En Gyge bor øst for Midgaard i den Skov, som hedder Jærnved; i den bor de Jættekvinder, der hedder Jærnvedier. Den gamle Gyge føder mange Jætter, og de er alle i Ulveskikkelser, og til den Slægt hører disse Ulve. Det fortælles, at af Slægten bliver een den mægtigste, den som hedder Maanegarm; den fylder sig med alle de Menneskers Liv (Blod), som dør, og den vil sluge Maanen og bestænke Himlen og hele Luften med Blod. Saa vil Solen miste sit Skin, Vindene er da urolige og suser fra alle Sider. Saaledes hedder det i Vølvens Spaadom:

11. I Øst bor den gamle
i Jærnveden,
og føder der
Ulveyngel;
af dem alle
sluger een især
Himmellegemet,
i Troldeham.

27

12. Den fyldes med Blod
af faldne Mænd;
Gudernes Sæde
farves i Blod;
Solen sortner
i Somrene derefter,
bliver Vejret ondt.
Ved I endmer eller ej?

12. Da sagde Gangtræt: Hvilken Vej fører fra Jorden til Himlen? - Da svarede Høj og lo derved: Det vidner ikke om Kyndighed, det Spørgsmaal. Har man da ikke fortalt dig, at Guderne byggede en Bro fra Jorden til Himlen, som hedder Bivrøst; den har du nok set, men det er muligt, at I kalder den Regnbue. Den er trefarvet og meget stærk og bygget med større Kunst og Dygtighed end andre Bygningsværker. Saa stærk den end er, vil den dog briste, naar Muspellssønnerne kommer og rider over den; saa maa deres Heste svømme over store Elve for at de kan komme videre. - Da sagde Gangtræt: Det forekommer mig, at Guderne ikke har bygget Broen med tilforladelig Styrke, siden den skal kunne briste, da de dog er i Stand til at gøre som de vil. - Da sagde Høj: Ikke fortjener Guderne Dadel for dette Bygningsværk. Bivrøst er en god Bro, men der er ingen Ting i Verden, der kan holde Stand, naar Muspellssønnerne hærger.

13. Da sagde Gangtræt: Hvad foretog Alfader sig, efterat Asgaard var bygget? - Høj sagde: Allerførst indsatte han Styrere og bad dem med sig at bestemme Menneskenes Skæbne og overlægge Borgens Ordning. De havde deres Sæder midt i Borgen paa det Sted, som hedder Idesletten. Deres første Gærning var den at bygge det Hov, hvor deres 12 Sæder staar foruden det Højsæde, der tilhører Alfader. Det er det bedste og største Hus, der er bygget paa Jorden; udvendig og indvendig er alt som om det var lutter

Guld. Stedet kaldes Gladsheim. Et andet Hus byggede de; det var en Hørg, som tilhørte Gudinderne, og det var en smuk Bygning. Den kaldes Vingolv. Derpaa opførte de en Bygning, hvori de anbragte Esser; dertil forfærdigede de ogsaa en Hammer og Tang og Ambolt og saa alle andre Redskaber. Derpaa bearbejdede de Malm, Sten og Træ og i saadan Overflod den Malm, som hedder Guld, at alle deres Hus-Redskaber og Bos-Genstande var af Guld. Den Alder kaldes Guldalder, (den varede) indtil den fordærvedes ved Kvindernes Ankomst; de kom fra Jøtunheim. Derpaa satte Guderne sig i deres Sæder og udførte deres Dommerhværv, og mindedes, at Dværgene var bleven levende i Mulden og nede i Jorden som Maddiker i Kød. Dværgene (var nemlig) først bleven dannede og havde faaet Liv i Ymirs Kød og var da Maddiker, men ved Gudernes Bestemmelse fik de menneskelig Forstand og Menneske-Skikkelse, men de bor dog i Jorden og i Stene. Modsognir var den ypperste og en anden Durin; saaledes hedder det i Vølvens Spaadom:

> 13. Alle Magter gik
> til Domstole,
> de hellige Guder,
> og raadslog om,
> hvem skulde skabe
> Dværges Slægter
> af blodigt Skum
> og af Blaains Ben.

> 14. Menneskeformer
> mange skabtes,
> Dværge i Jorden,
> som Durin forkyndte.

Og hun nævner disse Navne:

15. Ny og Næ,
Nordre, Sydre,
Østre, Vestre,
Altyv, Dvalin,
Naa og Naain,
Niping, Daain,
Bivur, Baavur,
Bømbur, Nore,
Ore, Onar,
Oin, Mjødvitnir,
Vigg og Gandalv,
Vindalv, Torin,
File, Kile,
Funden, Vaale,
Tro, Troin,
Tæk, Lit og Vitr,
Ny, Nyraad,
Rekk og Raadsvinn.

De følgende er ogsaa Dværge, der bor i Stene, medens de førstnævnte bor i Jorden.

16. Drøpner, Dolgtvare,
Haar, Hugstare,
Hledjolv, Gloin,
Dore, Ore,
Duv, Andvare.
Heftefile,
Haar, Sviar.

Men de følgende kom fra Svarinshøj til Ørvange paa Jarasletten, og fra dem stammer Lovar - disse er deres Navne:

17. Skirvir, Virvir,
Skaafinn, Aae,
Alv og Yngve,
Egeskjold,
Fal, Froste,
Finn og Ginnar.

14. Da sagde Gangtræt: Hvor er Gudernes Hovedsted eller Hellig-dom? - Haar svarede: Ved Ygdrasils-Asken. Dér skal Guderne hver Dag holde deres Domsting. - Da sagde Gangtræt: Hvad er der at fortælle om det Sted? - Da sagde Jævnhøj: Asken er det største og bedste af alle Træer; dens Grene udbreder sig ud over hele Verden og rager op over Himlen. Tre Rødder opretholder Træet; de staar overmaade langt fra hinanden; en af dem er hos Aserne, den anden hos Rimturserne, hvor Ginnungegab var i gamle Dage, men den tredje staar over Niflheim, og under den er Hvergelmir, og Nidhug gnaver Roden forneden. Men under den Rod, der gaar til Rimtur-serne, er Mimirsbrønd, hvori der er Visdom og Mandevid; han hedder Mimir, som ejer den Brønd; han er fuld af Kundskaber, fordi han drikker Vand af Brønden med Hornet Gjallarhorn. Derhen kom Alfader og bad om en Drik af Brønden, men han fik den ikke, før han gav sit Øje i Pant; saaledes hedder det i Vølvens Spaadom:

18. Alt ved jeg Odin,
dit Øje du gemte
i den berømte
Mimers Brønd;
af Valfaders Pant
hver en Morgen
drikker Mimer Mjød.
Ved I endmer eller ej?

Askens tredje Rod staar i Himlen og under den Rod er den Brønd, som er højhellig og hedder Urdsbrønd; der er det Guderne har deres Domsted. Hver Dag rider Aserne derop over Bivrøst, der ogsaa kaldes Asbro. Asernes Heste hedder saaledes: Sleipnir er den bedste, den tilhører Odin; den har otte Ben; den anden hedder Glad, den 3. Gyllir, den 4. Glen, den 5. Skeidbrimir, den 6. Sølvtop, den 7. Sinir, den 8. Gisl, den 9. Falhovnir, den 10. Guldtop, den 11. Letfete. Balders Hest blev brændt med ham. Tor gaar til Domstedet og vader over de Elve, der hedder:

> 19. Karmt og Armt
> og Kerløge to,
> dem skal Tor vade
> hver en Dag,
> naar ved Ygdrasils-Ask
> han dømme skal,
> ti Asbroen
> ellers brænder,
> de hellige Vande syder.

Da sagde Gangtræt: Brænder der Ild over Bivrøst? - Haar siger: Det røde, du ser i Buen, er flammende Ild. Op paa Himlen vilde Bjærgriserne komme, hvis alle kunde befare Bivrøst, som vilde. Der er mange skønne Steder paa Himlen, og overalt er der gudeligt Værn. Der staar en herlig Sal under Asken ved Brønden, og fra den Sal kommer tre Møer, der hedder: Urd, Vordende, Skuld; det er disse Møer, der bestemmer Menneskenes Alder; vi kalder dem Norner; men der er ogsaa flere andre, der besøger hvert Barn, saasnart det er født, for at bestemme dets Alder, og disse er af Gudeslægt; andre er af Alveslægt, en tredje Art af Dværgeslægt, som det hedder her:

> 20. Af mangfoldig Æt
> siger jeg Nornerne er;
> fælles Slægt ej de besidder;

nogle stammer fra Aser,
nogle fra Alver,
andre er Dvalins Døtre.

Da sagde Gangtræt: Dersom Nornerne raader for Menneskenes Skæbner,
saa fordeler de (deres Gaver) meget ulige, eftersom nogle faar et godt Liv og
megen Magt, men andre besidder kun ringe Lod eller Magt; nogle har et langt
Liv, andre et kort. - Haar siger: De gode Norner, der har en god Herkomst,
giver et godt Liv, men naar Menneskene rammes af en Vanskæbne, er de
onde Norner Skyld deri.

15. Da sagde Gangtræt: Hvilke flere mærkelige Ting er der at fortælle
om Asken? - Haar siger: Der er mangt og meget at fortælle om. En
Ørn sidder i Askens Grene, og den er meget vidende, men mellem dens Øjne
sidder den Høg, der hedder Vejrfølnir. Et Egern, der hedder Ratatosk, løber
op og ned ad Asken og bærer Avindsord mellem Ørnen og Nidhug, men fire
Hjorte løber omkring i Askens Grene og bider de unge Skud; de hedder:
Daain, Dvalin, Dunør, Duratro. Men saa mange Orme er der i Hvergelmir hos
Nidhug, at ingen Tunge kan tælle dem; saaledes fortælles der her:

21. Ygdrasils Ask
døjer og lider
mer end Mennesker ved,
en Hjort bider foroven,
paa Siden den raadner,
Nidhug gnaver forneden.

Saaledes hedder det fremdeles:

22. Flere Orme
ligger under Ygdrasils Ask,

end nogen vide kan;
Goin og Moin,
Gravvitnis Sønner,
Graabag og Gravvøllud,
Ovnir og Svaavnir
ved jeg altid vil
Træets Grene tære.

Fremdeles fortælles, at de Norner, som bor ved Urds Brønd, tager hver Dag Vand af Brønden og dermed det Dynd, der omgiver Kilden, og overøser Asken dermed, forat dens Grene ikke skal blive tørre eller raadne, men det Vand er saa helligt, at alle de Ting, som kommer ned i Brønden, bliver saa hvide som den Hinde, der hedder "Skjall" og ligger indenfor Æggeskallen; som det hedder her:

23. En Ask ved jeg overøst,
den hedder Ygdrasil,
et højt, helligt Træ,
med det hvide Dynd;
derfra kommer Dug,
som i Dale falder,
den staar evig grøn
over Urds Kilde.

Den Dug, som derfra falder paa Jorden, kaldes Honningfald, og deraf næres Bierne. To Fugle lever i Urdsbrønd; de hedder Svaner; fra dem stammer den Fugleart, som bærer det Navn.

16. Da sagde Gangtræt: Store Tidender er det, du kan fortælle om Himlen. Hvilke flere Hovedsteder er der end det ved Urdsbrønd? - Haar siger: Der er mange prægtige Steder. Der er et Sted, som hedder

Alvheim. Der bor det Folk, som kaldes Lysalver, men Mørkalverne bor nede i Jorden; de er indbyrdes ulige af Udseende, men endnu mere ulige i Virkelighed og Væsen. Lysalvernes Udseende er mere straalende end Solen, men Mørkalverne er sortere end Beg. Dér er fremdeles det Sted, som kaldes Bredeblik; der gives intet skønnere. Der er ogsaa det Sted, der hedder Glitnir; Hallens Vægge og alle dens Søjler og Stolper er af det røde Guld, men dens Tag af Sølv. Der er endnu det Sted, der hedder Himmelbjærg; det er ved Himlens Rand ved Broenden, hvor Bivrøst berører Himlen. Der er ogsaa et stort Sted, som hedder Valaskjalv; det tilhører Odin; Guderne byggede det og tækkede det med skært Sølv. Og i denne Sal er Hlidskjalv, det Højsæde, som hedder saa. Naar Alfader sidder i det Højsæde, ser han ud over alle Verdner. Paa Himlens sydlige Ende er den Sal, der overgaar alle andre ved Skønhed, og som straaler klarere end Solen; den hedder Gimle; den skal blive staaende, naar baade Himmel og Jord er gaaet til Grunde; det Sted bebos af gode og retfærdige Mennesker i al Evighed; saaledes fortælles i Vølvens Spaadom:

> 24. Sal ved jeg staa
> mer straalende end Solen,
> tækket med Guld,
> paa Gimle;
> dér skal skyldfri
> Skarer bygge,
> i frydfuldt Liv,
> til Tidens Ende.

Da sagde Gangtræt: Hvad skærmer det Sted, naar Surts Lue opbrænder Himmel og Jord? - Haar svarer: Det fortælles, at der er en anden Himmel mod Syd og ovenover denne (som vi ser), og den hedder Andlang; ovenover den igen skal der være en tredje Himmel, der hedder Vidblaain; i den Himmel mener vi, at dette Sted er; men nu, mener vi, bor alene Lysalverne i de Egne.

17. Da sagde Gangtræt: Hvorfra kommer Vinden? Den er saa stærk, at den sætter store Have i Bevægelse, og den bringer Ilden til at flamme; men hvor stærk den end er, kan man ikke se den; det er et underligt Væsen. - Da sagde Haar: Det kan jeg fortælle dig. Paa den nordlige Ende af Himlen sidder en Jætte, der hedder Hræsvelg; den er i Ørneskikkelse; men naar den flyver afsted, kommer der Vind fra dens Vinger, saaledes som det siges her:

> 25. Hræsvelg hedder
> Jætten i Ørneham,
> der bor ved Himlens Ende;
> fra dens Vinger
> siges Vind at komme
> over alle Mennesker.

18. Da sagde Gangtræt: Hvor kommer det, at der er saa stor Forskel paa den varme Sommer og den kolde Vinter? - Haar siger: Saaledes vilde ikke en kyndig Mand spørge, ti dette ved alle at forklare, men dersom du alene er saa uvidende, at du ikke har hørt noget herom, vil jeg tage dig det vel op, at du hellere spørger eengang saa ukyndig, end at det længere skal være en Hemmelighed for dig, hvad du bør vide. Svaasud hedder den, som er Fader til Sommer; han fører et behageligt Liv, saa at alt hvad der er blidt kaldes af hans Navn "svaasligt" (mildt). Men Vinters Fader kaldes snart Vindljone, snart Vindsval; han er Søn af Vaasud; de var begge grumme og kolde i Sind; og Vinter slægter dem paa.

19. Da sagde Gangtræt: Hvilke er de Aser, som det er Menneskenes Pligt at tro paa? - Haar svarede: Der er 12 Aser af gudelig Herkomst. - Da sagde Jævnhøj: Asynjerne er ikke mindre hellige eller mindre formaaende. - Da sagde Tredje: Odin er den ypperste og ældste af Aserne;

han styrer alt; og hvor mægtige de øvrige Guder end er, saa tjener de ham alle som Børn deres Fader; Frigg er hans Hustru, hun ved Menneskenes hele Skæbne, uagtet hun ikke giver sig af med at spaa, saaledes som Odin selv skal have udtalt det til den As, som hedder Loke:

> 26. Du raser, Loke,
> du er afsindig,
> hvi styrer du ikke dig selv?
> al Skæbne ved
> Frigg tilvisse,
> skønt hun ej selv den forkynder.

Odin hedder Alfader, ti han er alle Guders Fader; han hedder ogsaa Valfader, ti hans Valg-Sønner er alle de, der falder paa Valpladsen; dem giver han Bolig i Valhal og Vingolv, og de hedder da Einherjer. Han hedder ogsaa Hangegud, Haptegud og Farmegud, og: endnu flere Navne gav han sig, da han var kommen til Kong Geirrød:

> 27. Jeg hed Grim
> og Ganglere,
> Herjan, Hjælmbærer,

Teek, Tredje, Tynd, Unn, Helblinde, Haar, Sand, Svipal, Sandgætter, Herteit, Hnikar, Bileyg, Baaleyg, Bølverk, Fjølnir, Grimnir, Glapsvinn, Fjølsvinn, Sidhat, Sidskæg, Sigfødr, Hnikud, Alfader, Atrid, Farmaty, Oske, Ome, Jævnhøj, Bivlinde, Gøndlir, Haarbard, Svidur, Svidrir, Jalk, Kjalar, Vidur, Tro, Ygg, Tund, Vakr, Skilving, Vaavud, Hroptaty, Gøt, Veraty. - Da sagde Gangtræt: Umaadelig mange Navne har I givet ham, paa min Tro maa det være en meget kyndig Mand, som véd fuld Besked om dette og som kan fortælle, hvilke Begivenheder der har ført til Tilblivelsen af hvert enkelt af disse Navne. - Da svarede Haar: Der skal megen Viden til at gøre fuldstændig Rede derfor; i al Korthed kan det siges dig, at de fleste Navne hidrører fra den Omstændighed, at saa mange forskellige Sprog der er til i Verden, paa saa mange Maader har Folkene ment at maatte ændre hans Navn efter deres Sprog for at paakalde ham og bede til ham; men atter andre af disse Navne beror paa forskellige Tildragelser fra hans Rejser, og derom haves Fortællinger, men du vil ikke kunne kaldes en kyndig Mand, hvis du ikke er i Stand til at fortælle om disse store Tidender.

20.

Da sagde Gangtræt: Hvorledes hedder de andre Aser, og hvad skal de foretage sig, eller hvad har de udrettet til Berømmelse for sig? - Haar siger: Tor overgaar dem alle; han kaldes Asator og Agetor; han er stærkest af alle Guder og Mennesker. Hans Rige hedder Trudvange, hans Hal Bilskimir; i det Hus er der 540 [= 640] Rum; det er det største Hus, man kender; saaledes hedder det i Grimnismaal:

> 28. Fem hundred Rum
> og fyrretyve
> har Bilskirnir, det ved jeg;
> af alle Huse,
> som med Tag jeg kender,
> er min Søns det største.

Tor har to Bukke, der hedder Tandgnjost og Tandgrisnir, og en Kærre, hvori han ager, men Bukkene trækker Kærren. Derfor kaldes han Agetor. Han har ogsaa tre Kostbarheder, hvoraf en er Hammeren Mjølnir; den kender Rimturseme og Bjærgriseme, naar den svinges, hvilket ikke er mærkeligt, saa mange af deres Fædre og Slægtninge der har faaet deres Hoveder knust af den. Den anden udmærkede Kostbarhed, han har, er Styrkebæltet, hvormed han omgjorder sig, saa at hans Asastyrke vokser til det dobbelte. Den tredje Ting, han har og som er en stor Kostbarhed, er Jærnhandsker, som han ikke kan undvære til Hammerens Skaft. Men ingen er saa kyndig, at han er i Stand til at fortælle alle hans Heltebedrifter, men saa meget ved jeg at fortælle dig om ham, at der vil gaa en rum Tid, inden alt hvad jeg ved er fortalt.

21. Da sagde Gangtræt: Jeg vil spørge, hvorledes det forholder sig med flere af Aserne. - Haar siger: En anden Søn af Odin er Balder; om ham er der kun godt at fortælle. Han er den bedste, og ham priser alle. Han er af Udseende saa herlig og straalende, at han udstraaler Lys. Der er en Urt saa hvid, at den sammenlignes med Balders Braa (Øjenhaar), den er den hvideste af alle Urter, og deraf kan du skønne hans Herlighed baade med Hensyn til Haar og Hudfarve. Han er den viseste af Aserne og den, der taler smukkest, og han er den barmhjærtigste, men han har den Egenskab, at ingen af hans Domme kan overholdes. Han bor paa Bredeblik paa Himlen; paa det Sted kan intet urent være, som det siges her:

> 29. Bredeblik hedder,
> hvor Balder har
> bygget sig Hus og Hjem;
> i det Land
> jeg ved der findes
> mindst af Mén og Rædsler.

22. Den tredje As er den, som hedder Njord; han bor i Noatun paa Himlen. Han raader for Vindens Gang og dæmper Hav og Ild. Ham skal man paakalde med Hensyn til Sørejser og Fiskefangst. Han er saa rig og heldig med Gods, at han kan give Rigdom paa Land og Løsøre, og han bør paakaldes for Opnaaelsen deraf. Njord er ikke af Asaslægt. Han blev opfostret i Vanaheim, men Vanerne sendte Guderne ham som Gidsel, og modtog til Gengæld den, der hedder Hønir; han bevirkede Forsoning mellem Guderne og Vanerne. Njord har en Hustru, der hedder Skade, en Datter af Jætten Tjatse. Skade vil bo paa det Sted, hendes Fader havde ejet; det er oppe

mellem nogle Fjælde og hedder Trymheim; men Njord vil være nær ved Ky-
sten. De kom da overens om, at de skulde opholde sig 9 Nætter i Trymheim,
og saa andre 9 i Noatun. Men da Njord kom tilbage fra Fjældene til Noatun,
kvad han:

> 30. Lede er mig Fjælde,
> længe var jeg der ej,
> Nætter ene ni;
> Ulvenes Hyl
> var det ondt at høre
> istedenfor Svaners Sang.

Da kvad Skade dette:

> 31. Ej kunde jeg sove
> ved Søens Bred
> for alle de Fugles Skrig;
> Maagen, der kommer
> fra det vide Dyb,
> vækker mig hver Morgen.

Da begav Skade sig op paa Fjældet og boede i Trymheim, hun løber hyppig
paa Skier og skyder Dyr med sin Bue; hun hedder Skigudinde og Skidis; saa-
ledes hedder det:

> 32. Trymheim hedder,
> hvor Tjatse boede,
> den hin vældige Jætte;
> nu bebor Skade,
> den lyse Gudebrud,
> sin Faders gamle Gaard.

23. Njord i Noatun fik siden to Børn, hvoraf det ene hed Frey, det andet Freyja. De var herlige af Udseende og mægtige. Frey er den mest udmærkede af Aserne. Han raader for Regn og Solens Skin og dermed for Jordens Grøde; ham er det heldigt at paakalde for god Aaring og Fred. Han raader ogsaa for Folks Rigdomsheld. Freyja er den mest udmærkede blandt Asynjerne. Hun har den Gaard paa Himlen, der hedder Folkvang; hvor hun rider til Kamp, faar hun Halvdelen af Valen, men den anden tilhører Odin; saaledes fortælles her:

> 33. Folkvang hedder
> hvor Freyja raader
> over Salens Bænke;
> den halve Val
> hun hver Dag vælger;
> Halvdelen ejer Odin.

Hendes Hal hedder Sessrumnir; den er stor og prægtig. Men naar hun rejser, sidder hun i en Kærre og kører med sine Katte. Hun er den, Mænd nærmest bør paakalde; og af hendes Navn er den Værdighedstitel taget, at mægtige Kvinder kaldes "Fruer". Hun holdt meget af Elskovssange og det er heldigt at paakalde hende for Elskov.

24. Da sagde Gangtræt: Disse Aser synes mig meget mægtige, og det er ikke underligt, at I er saa vældige, naar I ved saa god Besked om Guderne, og ved, hvilken man skal bede til hver Gang. Men er der flere Guder endnu? - Haar siger: Der er endnu den As, der hedder Ty. Han er djærvest og modigst og han afgør gærne Sejren i Kampen. Ham er det heldigt for Kæmper at paakalde. Det er en Talemaade; at den Mand er "ty-tapper" (tapper som Ty), der overgaar andre og ikke er bange for noget. Han er ogsaa klog, saa at det er ligeledes blevet en Talemaade at den er "ty-spag" (vis som Ty), som er klogest. Et Bevis paa hans Djærvhed er, at dengang Aserne lokkede Fenrisulven til at lade sig Lænken Gleipnir paalægge, stolede den ikke paa, at de vilde løse den igen [hvis den ikke kunde ryste Lænken af sig], før de lagde Tys Haand i dens Gab som Pant. Men da Aserne ikke vilde løse den, bed den Haanden af paa det Sted, som nu hedder "Ulveleddet" [Haandleddet]; han er siden enhændet og regnes ikke til dem, der forliger Folk.

25. Brage hedder een. Han er berømt for Visdom, og navnlig for Veltalenhed og Ordkunst. Han forstaar sig bedst paa Skjaldskab, og af hans Navn kaldes Skjaldskab for "Brag", og af hans Navn kaldes den for "Brag" mellem Mænd eller "Brag" mellem Kvinder, der frem for andre er begavet med Veltalenhed, hvad enten det er Mand eller Kvinde. Hans Hustru hedder Idun. Hun opbevarer i sin Æske de Æbler, som Guderne skal smage paa, naar de ældes, de bliver da alle unge igen, og saaledes vil det gaa til lige til Ragnarøk. - Da sagde Gangtræt: Det synes mig, at Guderne skal stole alt for meget paa Iduns Bevogtning eller Paalidelighed. - Da sagde Haar og lo derved: Ja, det var ogsaa engang nær gaaet galt. Jeg vil kunne fortælle dig noget derom, men nu skal du først høre flere Navne paa Aserne.

26. Heimdal hedder een. Han kaldes Hvide-As; han er mægtig og hellig; han er bragt til Verden af ni Møer, der alle var Søstre. Han hedder ogsaa Hallinskide og Gyldentand; hans Tænder er af Guld. Hans Hest hedder Guldtop. Han bor paa Himmelbjærg ved Bivrøst. Han er Gudernes Vogter og sidder dér ved Himlens Ende for at vogte Broen mod Bjærgriser. Han behøver ikke saa megen Søvn som en Fugl og ser lige godt om Natten som om Dagen hundred Raster bort, og han kan høre Græsset vokse paa Jorden, Ulden paa Faarene, for ikke at tale om alt, der lyder højere. Han besidder den Lur, der hedder Gjallarhorn, hvis Lyd kan høres i alle Verdner. Her hedder det saaledes:

34. Himmelbjærg hedder,
hvor Heimdal siges
at have sit Hjem;
i fredsom Hal
drikker Guders Vogter
glad den gode Mjød.

Fremdeles siger han selv i Heimdalsgalder:

35. Søn jeg er af Mødre ni,
Søn jeg er af Søstre ni.

27. Hød hedder en af Aserne. Han er blind og meget stærk, men Guderne vilde ønske, at man ikke behøvede at nævne ham, ti hans Hænders Gerning vil længe mindes blandt Guder og Mennesker.

28. Vidar hedder en, den tavse As. Han besidder en tyk Sko. Han er den næste efter Tor i Styrke og til stor Hjælp for Guderne i alle Farer.

29. Aale eller Vaale hedder en, han er en Søn af Odin og Rind. Han er djærv i Kampe og en heldig Skytte.

30. Ull hedder en, en Søn af Siv og Tors Stesøn. Han er en saa god Bueskytte og saa dygtig Skiløber, at ingen kan maale sig med ham. Han er smuk af Udseende og har en Krigers Væsen og Dygtighed; ham er det godt at paakalde i Tvekamp.

31. Forsete hedder Balders og Nanna Nepsdatters Søn. Han ejer den Sal paa Himlen, der hedder Glitnir. Alle, der kommer til ham med vanskelige Tvistemaal, bliver forligte inden de tager bort igen. Det er den bedste Domstol hos Guder og Mennesker. Saaledes hedder det her:

> 36. Glitnir hedder en Sal,
> den har Søjler af Guld,
> med Sølv er den tækket;
> der bor Forsete
> alle Dage,
> og stifter Fred i hver Strid.

32. Endnu regnes ogsaa den til Aserne, hvem nogle kalder deres Bag-vasker og Falskhedens Fader og alle Guders og Menneskers Skændsel. Han hedder Loke eller Lopt, en Søn af Jætten Faarbøte; hans Moder hedder Løvø eller Naal, hans Brødre er Byleist og Helblinde. Loke er smuk og tækkelig af Udseende, men ond i Sind og meget ustadig i Væsen. Han besad fremfor alle andre den Kløgt, der hedder List og Underfundighed til at udføre hvad som helst. Han bragte Aserne ofte i den største Forlegen-hed, men han hjalp dem ogsaa ofte ved List. Hans Hustru hedder Sigyn; deres Søn Nare eller Narve.

33. Loke havde endnu flere Børn. Der var i Jøtunheim en Jættekvinde ved Navn Angerboda; med hende fik Loke tre Børn, hvoraf et var Fenrisulven, det andet Jørmungand - det er Midgaardsormen -, det tredje var Hel. Da Guderne fik at vide, at disse tre Søskende opfostredes i Jøtunheim, og ved at undersøge Spaadommene erfarede, at disse Søskende vilde volde dem store Ulykker, og da man kun kunde vente sig alt ondt af dem, ikke blot paa Grund af deres mødrene Herkomst, men ogsaa og især paa Grund af de-res fædrene Ophav, saa sendte Alfader Guderne hen for at hente Børnene og bringe dem til sig. Og da de blev bragt ham, kastede han Ormen i det dybe Hav, der ligger omkring hele Jorden; da voksede Ormen saa stærkt, at den ligger midt ude i Havet rundt omkring Jorden og bider sig i Halen. Hel kastede han ned i Niflheim og gav hende ni Verdner at styre, hun skulde anvise Opholdssteder til alle dem, der blev sendt til hende, det er alle, der dør af Sygdom og Alderdom. Hun besidder dér store Gaarde; Gærderne omkring dem er særdeles høje og Leddet stort. Hendes Sal hedder Eljudnir, hendes Disk Hunger, hendes Kniv Sult, Trællen Gangdoven, Tjenestekvinden Ganglad, den Tærskel, hvorover man træder, Faldende-Rædsel, hendes Seng Kar [Sygeleje], Sengeforhænget Straalende-Mén. Hun er halvt sort og halvt med almindelig Hudfarve; derfor er hun let at kende; tilmed er hun meget skummel og barsk. Ulven opfostrede Aserne hjemme; Ty alene havde Mod til at gaa til den og give den Føde. Men da Guderne saa, hvor stærkt den voksede for hver Dag, og da alle Spaadomme forkyndte, at den vilde blive dem til stort Fordærv, tog Aserne det Raad, at forfærdige en meget stærk Lænke, som de kaldte Løding; de bragte den til Ulven og bad den prøve sin Styrke paa Lænken, men Ulven syntes ikke det kunde overstige dens Kræfter og lod dem behandle sig som de vilde. Men første Gang, Ulven strakte sig, brast den Lænke i Stykker. Saaledes løste den sig af Løding. Derpaa gjorde Aserne en anden Lænke dobbelt saa stærk, som de kaldte Drome, og bad igen Ulven at prøve den; de sagde at den vilde blive overmaade berømt for sin Styrke, hvis et saadant Smedearbejde ikke kunde holde ham fast, men Ulven tænkte som saa, at ganske vist var denne Lænke meget stærk, men dens Kræfter var voksede siden den brød Løding, og den indsaa, at den maatte udsætte sig for Fare, dersom den skulde blive berømt, og saa lod den dem lægge Lænken paa sig. Da Aserne erklærede, at de var færdige, rystede Ulven sig og slog Lænken mod Jorden og anstrengte sig voldsomt, stemmede Fødderne imod og brød Lænken, saa at Stumperne fløj langt bort; saaledes ruskede den sig af Drome. Det er siden blevet et Mundheld, at "noget løses af Løding" eller "ruskes af Drome", naar en Ting udføres med Voldsomhed. Derefter var Aserne bange for, at de aldrig vilde faa Ulven bundet. Da sendte Alfader den, der hedder Skirnir, Freys Sendebud, ned til Sortalveverdenen til nogle

Dværge og lod dem smede den Lænke, som hedder Gleipnir; den var lavet af seks Bestanddele, Kattens Døn og Kvindens Skæg, Klippens Rødder og Bjørnens Sener, Fiskens Aande og Fuglens Spyt og selv om du ikke allerede skulde vide alt dette, kan du hurtig finde virkelige Beviser for, at man ikke binder dig noget paa Ærmet. Du maa nok have set, at Kvinden er uden Skæg, og have lagt Mærke til, at Kattens Spring er lydløst, og at der ingen Rødder er under Klippen, og paa min Tro er alt hvad jeg har fortalt dig lige saa sandt, uagtet der er meget deraf du ikke selv kan erfare. - Da sagde Gangtræt: Sandheden af alt dette er mig indlysende, ti disse Ting, som du nu har anført som Bevis, kan jeg se, men i hvilken Form blev Lænken smedet? - Haar siger: Det kan jeg godt fortælle dig. Lænken blev glat og blød som et Silkebaand og saa stærk og holdbar, som du straks skal høre. Da Lænken blev bragt Aserne, takkede de Sendebudet vel for hvad han havde udrettet. Da begav Aserne sig ud i Søen Aamsvartnir til den Holm, der hedder Lyngve, og lokkede Ulven med sig; de viste den Baandet og bad den spænge det, men de sagde at det muligt var noget stærkere, end man efter dets Tykkelse skulde tro; den ene rakte det til den anden og de prøvede deres Kræfter paa det, men det brast ikke itu; dog sagde de, at Ulven vilde kunne slide det itu. Da svarede Ulven: "jeg mener om dette Baand, at jeg ikke vil høste nogen Berømmelse ved at rive et saa smalt Baand istykker, men hvis det er gjort med Kunst og List, skønt det synes ubetydeligt, kommer det aldrig paa mine Ben". Da sagde Aserne, at den hurtig vilde rykke et smalt Silkebaand over, eftersom den før havde sprængt store Jærnlænker - "men hvis Du ikke faar revet det itu, da vil du ikke kunne ængste Guderne, og vi vil da løse dig." Ulven sagde: "hvis I binder mig, saa at jeg ikke kan løse mig, vil I nok holde Eder paa Afstand, saa at jeg sent faar Hjælp af Eder; jeg er lidet villig til at lade dette Baand lægge paa mig, men heller end at I skal bebrejde mig Mangel paa Mod, saa skal en af Eder lægge sin Haand i min Mund til Pant paa, at dette er uden Svig". Den ene af Aserne saa paa den anden, og syntes at nu var Vanskeligheden dobbelt, og ingen vilde give sin Haand til Pris, førend Ty rakte sin højre Haand frem og lagde den i Ulvens Gab. Da nu Ulven stred imod, blev Baandet haardere, og jo stærkere den sled, desto haardere blev det. Da lo alle undtagen

Ty; han mistede sin Haand. Da Aserne saa, at Ulven var bunden tilfulde, tog de Snoren, der udgik fra Lænken og som hedder Gelgja, og trak den gennem en stor flad Sten, der hedder Gjald, og drev Stenen langt ned i Jorden; saa tog de en stor Sten, der hedder Tvite, og Skød den endnu længere ned; den Sten tjente dem som Tøjrepæl. Ulven gabede frygtelig og bevægede sig voldsomt og vilde bide dem. De Skød da et Sværd i dens Gab; Hjaltet stod i den neder- ste, Odden i den øverste Gumme; det er dens "Gumspærre". Den brøler hæs- ligt, og der flyder Fraade ud af dens Gab; det bliver til en Elv, der hedder Vaan. Der ligger den til Ragnarøk. - Da sagde Gangtræt: Det er nogle slemme Børn, Loke har avlet; alle de Søskende er dog særdeles betydelige. Men hvor- for dræbte Aserne ikke Ulven, siden de kunde vente alt ondt af den? - Haar svarede: Guderne havde en saadan Ærefrygt for deres Helligdomme og Fri- steder, at de ikke vilde besudle dem med Ulvens Blod, uagtet Spaadommene siger, at den skal volde Odins Død.

34. Da sagde Gangtræt: Hvilke er Asynjerne? - Haar svarer: Frigg er den højeste. Hun ejer Gaarden Fensale, der er meget prægtig. Den anden er Saaga hun bor paa Søkkvabekk, og det er et stort Sted. Den tredje er Eir, hun er den bedste Læge. Den fjerde er Gevjun, hun er Mø, og hende tjener alle de, der dør som Møer. Den femte er Fulla, hun er ogsaa Mø og har udslagent Haar og Guldbaand om Hovedet; hun bærer Friggs Æske og har Opsyn med hendes Skotøj og er indviet i hendes Lønraad. Den sjette er Freyja, hun er den ypperste ved Siden af Frigg; hun ægtede en, som hed Ôd; deres Datter er Hnoss, der er saa skøn, at af hendes Navn kaldes alt "Hnoss", som er herligt og kostbart. Od drog langvejs bort, men Freyja græder af Sorg over ham, hendes Taarer er det røde Guld. Freyja har mange Navne; Grun- den dertil er, at hun kaldte sig paa forskellig Vis, da hun færdedes blandt ukendte Folkeslag for at finde Od. Hun hedder Mardal og Hørn, Gefn og Syr. Freyja ejede Smykket Brisingamen. Hun kaldes ogsaa Vanedis. Den syvende er Sjøvn; hun giver meget Agt paa at vende Kvinders og Mænds Hu til Elskov, og af hendes Navn kaldes Elskovshu for "Sjavne". Den 8. er Lovn, hun er saa mild og god at paakalde, at hun hos Alfader eller Frigg opnaar Tilladelse til at Kvinde og Mand faar hinanden, selv om det i Forvejen er forbudt eller synes ganske forment. Af hendes Navn er dannet "Lov" [Tilladelse] og ligeledes, at hun bliver meget "lovet" [priset] af Mænd. Den 9. er Vaar, hun hører paa Folks Eder og de Aftaler, som Mænd og Kvinder indgaar med hinanden; derfor hedder de Sager "Varar". Hun straffer dem, der sviger deres Ord. Den 10. er Var, hun er vis og spørger gærne, saa at intet kan holdes skjult for hende. Det er en Talemaade, at en Kvinde bliver det "var", som hun faar at vide. Den 11. er Syn, hun vogter Hallens Dør og lukker den for dem, som ikke maa træde ind, og hun er sat til Værn paa Tinge i de Sager, en vil modbevise og afkræfte. Derfor er det en Talemaade, at der bliver sat "Syn" for, naar een nægter. Den 12. er Hlin, hun er sat til at beskytte dem, som Frigg vil skærme mod Fare. Deraf er den Talemaade, at den, som undgaar, "hleiner". Den 13. er Snotra, hun er vis og høvisk, af hendes Navn kaldes den Mand eller Kvinde, som er høvisk-beskeden, for "snotr". Den 14. er Gnaa; hende sender Frigg til forskellige Verdner for at udrette hendes Ærinder. Hun ejer en Hest, som kan løbe gennem Luft og over Hav; den hedder Hovvarpnir. Engang da hun red, saa nogle Vaner hendes Ridt i Luften; da sagde en af dem:

> 37. Hvad flyver dér,
> hvad farer dér,
> hvad glider igennem Luften?

Hun svarede:

> 38. Ej flyver jeg,
> dog farer jeg
> og glider igennem Luften
> paa Hovvarpnir,
> som Hamskerpir
> avled med Gardrofa.

Af Gnaas Navn kommer det, at hvad der rager højt op siges at "gnæva". Sol og Bil regnes til Asynjerne, om dem er der før fortalt.

35. Der er ogsaa andre (kvindelige Væsner), som skal tjene i Valhal, bære Drikken omkring og have Opsyn med Bordtøj og Ølkar; de nævnes saaledes i Grimnismaal:

> 39. Hrist og Mist
> vil jeg skal bringe mig Horn,
> Skeggald og Skagul,
> Hild og Trud,
> Hlakk og Hærfjøtur,
> Gjall og Geirahad,
> Randgrid og Raadgrid
> og Reginleif,
> de bærer Einherjer Øl.

Disse kaldes Valkyrjer; dem sender Odin til enhver Kamp; de bestemmer, hvem der skal falde, og raader for Sejren. Gunn og Rota og den yngste Norne, der hedder Skuld, rider ogsaa stadig ud for at udvælge dem, der skal falde, og afgøre Kampe. Tors Moder, Jord, og Vaales Moder, Rind, regnes ogsaa til Asynjerne.

36. Gymir hed en Mand, og hans Hustru Ørboda, der var af Bjærgri-sæt; deres Datter var Gerd, den smukkeste af alle Kvinder. En Dag var Frey gaaet til Hlidskjalv, hvor han skuede ud over alle Verdner, men da han rettede sit Blik mod Nord, saa han paa en Gaard et stort og smukt Hus, og til det gik der en Kvinde; da hun løftede Armene for at lukke Døren op, blev det lyst af hendes Arme baade i Luften og paa Havet, og alle Verdner oplystes derved. Saaledes straffedes han for det Overmod, at han havde sat sig i det hellige Sæde, at han gik derfra opfyldt af Kvide. Da han kom hjem, var han ganske tavs; han sov ikke, han drak ikke, og ingen vovede at tale til ham. Da lod Njord kalde Skirnir, Freys Skosvend, til sig, og bad ham gaa hen til Frey og spørge ham, hvem han var saa vred paa, at han ikke vilde tale med nogen. Skirnir sagde, at han vilde gaa, men han gjorde det nødig, og mente, at man kun kunde vente uvenlige Svar hos ham. Da han nu kom til Frey, spurgte han, hvorfor Frey var saa nedbøjet og ikke talte med nogen. Da svarede Frey og sagde, at han havde set en saa fager Kvinde - og det var for hendes Skyld, han var saa sorgfuld - at han ikke vilde kunne leve længe, hvis han ikke vandt hende, "og nu skal du rejse og bejle til hende paa mine Vegne og bringe hende hid, hvad enten hendes Fader vil eller ej; jeg vil lønne dig godt derfor". Da svarede Skirnir, at han vilde foretage Rejsen, hvis Frey vilde give ham sit Sværd - det var saa godt, at det svang sig selv -, men Frey var villig dertil og gav ham Sværdet. Da drog Skirnir hen og bejlede til Kvinden og fik hendes Jaord; ni Nætter efter skulde hun komme til Barrø og da holde Bryllup med Frey. Men da Skirnir fortalte Frey Udfaldet, kvad han:

> 40. En Nat er lang,
> lange er tvende,
> hvor skal jeg udholde tre;
> ofte syntes mig
> en Maaned kortere
> end denne Jammersnat halv.

Dette var Grunden til, at Frey var vaabenløs, da han kæmpede med Bele og slog ham ihjel med en Hjortetak. - Da sagde Gangtræt: Det var dog mærkeligt, at en saadan Høvding som Frey vilde bortgive et saadant Sværd, at han ikke ejede dets Mage. Det maa have været meget slemt for ham, da han kæmpede med denne Bele. Han maa min Tro have fortrudt den Gave dengang. - Da svarede Haar: Det havde kun lidet at sige, at han og Bele mødtes; Frey havde kunnet slaa ham ihjel med sin Næve, men der vil komme den Tid, da Frey vil synes, han er ilde stedt ved at mangle Sværdet, naar Muspelssønnerne kommer for at hærge.

37.

Da sagde Gangtræt: Du har fortalt, at alle, der fra Verdens Ophav er faldne i Kamp, er nu hos Odin i Valhal; hvad har han at give dem til Føde? jeg skulde tro, det var en meget talrig Forsamling. - Da svarede Haar: Det er sandt, hvad du siger. Der er en talrig Skare dér, men de skal blive langt flere endnu, og dog vil de synes at være for faa, naar Ulven kommer. Men aldrig vil der være saa mange forsamlede i Valhal, at Galten Sæhrimnirs Flæsk ikke er tilstrækkeligt til dem alle. Den bliver kogt hver Dag, og er dog hel og levende hver Aften. Men hvad dette dit Spørgsmaal angaar, mener jeg der er meget faa, der er saa kyndige, at de kan fortælle dig rigtig herom. Andhrimnir hedder Kokken, men Eldhrimnir Kedelen, som det her siges:

> 41. Andhrimnir lader
> i Eldhrimnir
> Sæhrimnir koges,
> det bedste Kød,
> men faa kun ved,
> hvoraf Einherjerne lever.

Da sagde Gangtræt: Nyder Odin samme Føde som Einherjerne? - Haar siger: Den Føde, der staar paa hans Bord, giver han til to Ulve, der tilhører ham, ved Navn Gere og Freke, men han behøver selv ingen Føde; Vin tjener ham baade som Mad og Drikke, som det her hedder:

> 42. Gere og Freke
> føder den kampvante
> Hærfader, hæderrig,
> men af Vin
> den vaabengæve
> Odin ene lever.

To Ravne sidder paa hans Skuldre og hvisker ham i Øret alle de Tidender, de har set og hørt; de hedder Hugin og Munin; dem sender han ud ved Daggry for at flyve gennem hele Verden; de vender tilbage ved Davretid; saaledes faar han mange Tidender at vide; derfor kaldes han Ravnegud; saaledes hedder det her:

43. Hugin og Munin
flyver hver en Dag
over den vide Jord;
jeg ængstes for Hugin,
at han hjem ej vender;
dog frygter jeg mere for Munin.

38. Da sagde Gangtræt: Hvilken Drik har Einherjerne, der forslaar lige saa godt som Maden, eller drikker man maaske Vand dér? - Da siger Haar: Det var da et mærkeligt Spørgsmaal. Tror du Alfader byder til sig Konger og Jarler eller andre Høvdinger for at give dem Vand at drikke? Der kommer min Tro mange til Valhal, som vilde mene, at en Vandslurk var dyrekøbt, hvis man. ikke der kunde vente en bedre Velkomst, efter først at have maattet taale Saar og Svie til Døden. Da kan jeg fortælle dig noget andet. En Ged ved Navn Hedrun staar oppe paa Valhal og æder Løvet af Grenene paa det meget berømte Træ Lærad, men af dens Yver udflyder der Mjød, saa meget som fylder en Kumme daglig. Der er saa meget, at alle Einherjer bliver fulddrukne. - Da sagde Gangtræt: Det er dem en meget fordelagtig Ged; det maa være et udmærket Træ, hvoraf den æder. - Da sagde Haar: Endnu mærkeligere er Hjorten Eiktyrnir, der staar paa Valhal og æder Grenenes Blade; af dens Horn drypper det saa stærkt, at der af Draaberne, der falder helt ned i Hvergelmir, opstaar Elve, der flyder derfra og som hedder: Sid, Vid, Søkin, Eikin, Sval, Gunntraa, Fjørm, Fimbultul, Gipul, Gapul, Gamul, Geirvimul - alle disse strømmer gennem Gudernes Egne; der er andre, der hedder: Tyn,

Vin, Tall, Hall, Graad, Gunntraa, Nyt, Nat, Nann, Hrann, Vina, Vegsvinn, Tjodnuma.

39.

Da sagde Gangtræt: Det er underlige Tidender du der fortæller. Valhal maa være et overmaade stort Hus; der maa ofte være Trængsel ved Dørene dér. - Da svarede Haar: Hvorfor spørger du ikke hellere om, hvor mange Døre der er paa Hallen og hvor store de er. Naar du hører det, vil du sige, at det vilde være mærkeligt, hvis ikke enhver, som vil, kan komme ud og ind. Og sandt at sige er det ikke vanskeligere at faa Plads der- inde end at komme ind. Her kan du høre, hvad der staar i Grimnismaal:

> 44. Fem hundred Døre
> og fyrretyve
> ved jeg paa Valhal der er;
> otte hundred Einherjer
> gaar af hver en Dør,
> naar de skal til Kamp med Ulven.

40.

Da sagde Gangtræt: En stor Forsamling er der i Valhal. Odin er min Tro en vældig Høvding, siden han styrer en saa stor Hær. Hvormed underholder Einherjerne sig, naar de ikke sidder ved Drikkelag? - Haar siger: Hver Dag, naar de har klædt sig paa, ifører de sig deres Rustning, gaar ud i Gaarden og kæmper; den ene fælder den anden; det er deres Leg; men ved Davretid rider de hjem til Valhal og bænker sig til Drikkelag, som det siges her:

> 45. Alle Einherjer
> i Odins Gaarde
> kæmper hver en Dag,
> Val de kaarer,

fra Kampen de rider,
sidder saa sammen i Fred.

Men det er sandt, hvad du sagde, Odin er vældig af sig; derpaa findes mange
Beviser; saaledes hedder det med Gudernes egne Ord:

46. Ygdrasils-Ask
er ypperst af Træer,
Skibladnir blandt Skibe,
Odin af Aser,
Sleipnir af Heste,
Bivrøst af Broer,
Brage af Skjalde,
Højbrog af Høge,
blandt Hunde Garm.

41. Da sagde Gangtræt: Hvem ejer Hesten Sleipnir; hvad kan du for-
tælle om den? - Haar siger: Du ved altsaa ikke Besked med Sleip-
nir og intet om, hvorledes den blev til, men du vil synes, det er værd at for-
tælle. Det var i Gudernes første Tid, da de havde dannet Midgaard og opført
Valhal, at en Bygmester kom til dem og tilbød i Løbet af tre Vintre at gøre
dem en Borg, der var saa stærk, at den kunde være dem et paalideligt Værn
mod Bjærgriser og Rimturser, selv om de kom indenfor Midgaard; til Løn
herfor betingede han sig Freyja tilægte og desuden at faa Sol og Maane. Saa
gik Guderne til Samtale og Raadslagning, og den Handel blev sluttet med
Bygmesteren, at han skulde faa, hvad han betingede sig, hvis han havde Bor-
gen færdig i Løbet af een Vinter, men dersom noget deraf endnu ikke var
færdigt den første Sommerdag, da skulde han gaa glip af Lønnen, og han
maatte ikke have Hjælp af nogen til Arbejdet. Da de fortalte ham disse Betin-
gelser, bad han om Tilladelse til at tage sin Hest Svadilfare til Hjælp; Loke
sørgede for, at det blev ham tilladt. Han begyndte at bygge Borgen den første

Vinterdag; om Natten lod han Hesten trække Sten derhen; Aserne fandt det vidunderligt, hvor store Klippestykker den Hest kunde trække, og Hesten gjorde dobbelt saa stort et Kæmpearbejde som Bygmesteren selv. Paa deres Handel var der stærke Vidner og mange Eder, ti Jætterne ansaa det for utrygt at opholde sig uden Sikkerhedsløfter hos Aserne, hvis Tor skulde komme hjem, men han var dengang rejst til Østerleden for at slaa Trolde ihjel. Da det nu led ud paa Vinteren, gik det stærkt fremad med Arbejdet paa Borgen, og denne blev saa høj og stærk, at den var uangribelig. Da der kun var tre Dage tilbage til Sommeren, var Arbejdet naaet næsten helt hen til Borgeleddet. Da satte Guderne sig paa deres Domstole og raadslog; den ene spurgte den anden, hvem der havde været Skyld i, at Freyja skulde bortgiftes til Jøtunheim eller at Luften og Himlen skulde fordærves ved at Sol og Maane toges bort og gaves til Jætterne, men alle blev enige om, at det havde været ham, som volder alt ondt, Loke Løvøssøn, og de erklærede, at han fortjente en haard Død, hvis han ikke fandt en Udvej, saa at Bygmesteren gik glip af Lønnen, og de vilde gribe Loke. Men da han blev bange, aflagde han Ed paa, at han skulde mage det saa, at Bygmesteren gik glip af Lønnen, hvad det saa end skulde koste ham. Den samme Aften, da Bygmesteren kørte ud med Svadilfare for at hente Sten, kom der en Hoppe løbende ud af Skoven og hen til Hingsten og vrinskede. Men da Hingsten mærkede hvad Slags Hest det var, blev den rasende og rykkede Linerne itu og sprang hen til Hoppen, men denne løb ad Skoven til; Bygmesteren satte efter dem for at fange Hingsten, men begge Hestene løb videre hele Natten, saa at Arbejdet forsinkedes den Nat, og Dagen efter kunde Arbejdet ikke fremmes som tidligere. Da nu Bygmesteren saa, at Arbejdet ikke kunde blive færdigt, grebes han af Jættevrede. Da Aserne saaledes fik fuld Vished om, at han var en Bjærgrise, brød man sig ikke om de svorne Eder; man nævnede Tor, og med det samme var han der, og straks hævedes Hammeren Mjølnir op i Luften. Tor betalte da Bygningslønnen, rigtignok hverken med Sol eller Maane; men han formente ham at bo i Jøtunheim, ti ved det første Hug, Tor gav ham, knuste han hans Hoved i smaa Stumper, og sendte ham ned under Nivlheim. Men Følgen af Lokes Møde med Svadilfare var den, at noget efter fødte han et Føl, det var graat og havde otte Ben; det er den bedste Hest blandt Guder og Mennesker. Saaledes hedder det i Vølvens Spaadom:

> 47. Da gik alle Magter
> til Dommersæder,
> højhellige Guder,
> og holdt Raad om det,
> hvem der havde Luften
> med Svig forgiftet
> og Ods Mø
> til Jætter lovet.

> 48. Eder brødes,
> Aftaler og Ord,
> stærke Løfter
> indbyrdes givne;
> Tor slog ene der,
> opflammet af Vrede,
> han sidder sjælden,
> naar sligt han hører.

42. Da sagde Gangtræt: Hvad er der at fortælle om Skibladnir, der skal være det bedste Skib? Er der intet Skib, der er lige saa stort som det? - Haar siger: Skibladnir er det bedste Skib og bygget med størst Kunst, men Naglfar er det største; det ejer Muspell. Nogle Dværge, Ivaldes-Sønnerne, byggede Skibladnir og gav Frey det; det er saa stort, at alle Aser kan rummes deri med deres Vaaben og Rustning, og det har Medbør, saa snart Sejlet hejses, hvor man saa skal hen. Men naar det ikke benyttes paa Søen, kan man lægge det sammen som en Dug og gemme det i sin Pung, fordi det er sammensat af mange Stykker og med stor Kunstfærdighed.

43.

Da sagde Gangtræt: Skibladnir er et godt Skib, men der maa anvendes megen Troldkyndighed, før et saadant Arbejde bliver udført. Er Tor aldrig kommet til et Sted, hvor han har truffet noget saa vældigt eller stærkt, at det ved Styrke eller Trolddom har været ham overmægtigt? - Da sagde Haar: Kun faa ved at fortælle derom, antager jeg, men mange Gange har han stødt paa en haard Modstand. Selv om det nu havde været saa, at noget har været saa kraftigt eller stærkt, at Tor ikke har været i Stand til at faa Bugt med det, er man ikke forpligtet til at fortælle derom, ti der gives mange Beviser for, og det er alle pligtige at tro, at Tor er stærkest. - Da sagde Gangtræt: Nu synes jeg, at jeg har spurgt Eder om noget, ingen er i Stand til at svare paa. - Da sagde Jævnhøj: Vi har hørt fortælle om saadanne Ting, hvis Sandsynlighed forekommer os utrolig, men her sidder han ikke fjærnt, der ved at sige Sandheden derom, og du bør tro, at han vil ikke nu for første Gang lyve, som aldrig før har løjet. - Da sagde Gangtræt: Her vil jeg staa og lytte til, hvis der faas noget Svar paa Spørgsmaalet. I modsat Fald erklærer jeg Eder for overvundne, hvis I ikke kan svare paa, hvad jeg spørger om. - Da Sagde Tredje: Det er tydeligt, at han vil vide disse Tidender, uagtet vi ikke finder dem egnede til at fortælles. Det er Begyndelsen paa denne Fortælling, at Age-tor drog afsted med sine Bukke og sin Kærre, og med ham den As, der hedder Loke. De kom om Aftenen til en Bonde og fik der Natteherberg. Om Aftenen tog Tor sine Bukke og slagtede dem begge, hvorpaa de blev flaaede og lagte i Kedelen. Da de var kogte, satte Tor og hans Ledsager sig til Nadveren. Tor bød Bonden og hans Hustru og deres Børn at spise med. Bondens Søn hed Tjalve, Datteren Røskva. Da lagde Tor Bukkeskindene paa den anden Side af Ilden (nærmest Indgangen) og sagde, at Bonden og hans Husstand skulde kaste Knoklerne hen paa Bukkeskindene. Tjalve, Bondens Søn, holdt et af Bukkens Laarben og slog derpaa med sin Kniv og knækkede det til Marven. Tor opholdt sig; der om Natten, men lidt før Daggry stod han op og klædte sig paa, tog Hammeren Mjølnir, svang den og viede Bukkeskindene. Da stod Bukkene op, men da var den ene halt paa det ene Bagben. Det mærkede Tor og sagde, at Bonden eller nogen af hans Husstand ikke havde behandlet Bukkens Knokler forsigtigt; han mærkede, at Laarbenet var brækket. Der behøves ikke mange Ord; alle kan forstaa, hvor ræd Bonden maatte blive, da han saa, at Tor lod Øjenbrynene synke ned for Øjnene; men det lidet man kunde se af hans Øjne var nok til, at Bonden troede han skulde falde for Tors Blik alene. Tor knugede Hænderne om Hammerens Skaft, saa at Knoerne blev hvide, men Bonden og alle de andre skreg højt, som venteligt var, og tilbød alt hvad de ejede til Erstatning; men da Tor saa deres Frygt, forlod Vreden ham og han formildedes, han tog til Forlig deres Børn Tjalve og Røskva, og de blev da hans pligtige Tjenere, og de har stadig fulgt ham siden.

44. Dér efterlod Tor sine Bukke og begyndte sin Rejse mod Øst til Jø-tunheim, indtil han naaede Havet, og da begav han sig ud over det dybe Hav. Men da han kom til Land, gik han op paa Land og Loke, Tjalve og Røskva med ham. Da de var gaaet en Stund, traf de paa en stor Skov; de gik hele den Dag, til Mørket faldt paa. Tjalve var raskere til Bens end nogen an-den. Han bar Tors Madpose, men der var Knaphed paa Levnedsmidler. Da det nu var blevet mørkt, søgte de efter et Sted, hvor de kunde tilbringe Nat-ten, og traf da paa et meget stort Hus med en Indgang i den ene Ende, lige saa bred som Huset selv. Dér søgte de sig Natteherberg. Ved Midnatstid op-stod der et saa stærkt Jordskælv, at Jorden gik i Bølger under dem og Huset bævede. Da stod Tor op og kaldte paa sine Ledsagere; de søgte sig frem og fandt et Sidehus til Højre midt i Huset; derind gik de; Tor satte sig i Døren, men de andre var længere inde og var meget bange; Tor holdt om Hamme-rens Skaft og vilde værge sig. Da hørte de et stærkt Bulder og Gny. Men da det begyndte at dages, gik Tor ud og saa da en Mand liggende kort fra sig i Skoven, og han var ikke lille. Han sov og snorkede stærkt. Da mente Tor at forstaa, hvad det havde været for en Støj om Natten; han spændte Styrke-bæltet om sig, og hans Asastyrke voksede. I dette Øjeblik vaagnede Manden og stod op med det samme; men da siges Tor for første Gang at have tøvet med at slaa til med Hammeren; han spurgte blot om hans Navn; han kaldte.sig Skrymir, - "men jeg behøver ikke", sagde han, "at spørge dig om Navn; jeg kan se, du er Asator, men er det dig, der har slæbt min Handske bort?" Skrymir strakte da sin Haand ud og tog Handsken op. Da saa Tor, at det var den, han om Natten havde benyttet som Hus, og Sidehuset var Handskens Tommelfinger. Skrymir spurgte, om Tor vilde have hans Ledsagelse, og det sagde Tor ja til. Da tog Skrymir sin Madsæk og løste den og vilde til at spise Davre, og Tor og hans Ledsagere gjorde det samme. Skrymir tilbød da, at de skulde indgaa Madfællesskab, og det sagde Tor ja til. Da bandt Skrymir hele deres Madforraad i een Bylt og lagde den paa sin Ryg. Han gik foran om Dagen og tog temmelig store Skridt, men sent paa Aftenen søgte han dem et Natteleje under en stor Eg. Da sagde Skrymir til Tor, at han vilde lægge sig ned at sove - "men I kan tage Madsækken og spise Nadver". Derpaa sov Skrymir ind og snorkede stærkt, men Tor tog Madsækken og vilde løse den op. Men det maa siges, hvor utrolig det end lyder, at ingen Knude kunde han løse og ved ingen Rem-Ende kunde han rokke, saa at den blev løsere. Da han indsaa, at hans Anstrengelser intet nyttede, blev han vred, greb Hammeren Mjølnir med begge Hænder, tog et Skridt hen til det Sted, hvor Skrymir laa, og slog ham i Hovedet; men Skrymir vaagnede og spurgte, om der var faldet et Løvblad ned paa hans Hoved, og om de nu havde spist og skulde til at sove. Tor sagde, at de skulde lige til at sove. De gik da hen under en anden Eg. Men sandt at sige dig kunde man da ikke sove uden Angst. Ved Midnat hørte Tor, at Skrymir var falden i en dyb Søvn, og snorkede, saa det drønede i Skoven. Da stod han op og gik hen til ham, svang Hammeren af alle Kræfter og slog ham midt i Issen; han mærker, at Hammerens Næb trænger dybt ind i Hovedet. I samme Øjeblik vaagnede Skrymir og sagde: "hvad et der nu? faldt der et Agern ned paa mit Hoved? Hvad bestiller du Tor?" Men Tor gik hurtigt tilbage og svarede, at han lige var vaagnet, og at det var Midnat og endnu rigelig Tid til at sove. Men Tor besluttede i sit stille Sind, at dersom han endnu engang fik Lejlighed til at give ham et tredje Hug, skulde Skrymir aldrig mere se ham; han laa nu og lurede paa, om Skrymir atter faldt i en dyb Søvn. Lidt før Daggry hørte han, at Skrymir maatte være sovet ind, stod op og løb hen til ham, svang Hammeren med al sin Kraft og slog ham paa den Tinding, der vendte opad; da sank Hammeren i lige op til Skaftet, men Skrymir rejste sig, strøg sig over Kinden og sagde: "mon der sidder nogle Fugle over mig i Træet; da jeg vaagnede var det mig, som der faldt noget Kvas af Grenene ned paa mit Hoved. Er du vaagen, Tor? Det maa være paa Tide at staa op nu og klæde sig paa. Men I har nu ikke langt at gaa for at naa frem til Borgen Udgaard. Jeg har hørt, at I indbyrdes har snakket om, at jeg ikke var saa lille af Vækst, men naar I kommer til Udgaard. vil I der faa større Mænd at se. Nu vil jeg give Eder et godt Raad. I skal ikke opføre Eder hovmodigt, ti Udgaardslokes Hirdmænd vil ikke godt kunne taale skrydende Ord af saadanne Peblinge som I er. I modsat Fald saa vend heller om; og det mener jeg i øvrigt er det heldigste for Eder at gøre. Men vil I rejse videre, saa stævn mod Øst, men min Vej gaar mod Nord hen til de Fjælde, som I nu kan se". Skrymir tog Madsækken, lagde den paa sin Ryg og gik tværs bort fra dem ind i Skoven. Der fortælles intet om, at Aserne ønskede, at de maatte mødes vel igen.

45. Tor og hans Ledsagere gik videre fremad lige til Middag. Da saa de en Borg paa en Slette, og de maatte bøje Hovedet saa langt de kunde bagud for at se Borgens Tag. De gik derhen; et Led var for Indgangen, som var lukket i. Tor gik løs paa Leddet, men fik det ikke lukket op; idet de saaledes anstrengte sig for at komme ind, smøg de sig ind imellem Tremmerne, og saaledes slap de ind. De saa da en høj Hal og gik derhen; Døren var aaben, de gik ind og saa mange Mænd siddende paa to Bænke, hvoraf de fleste var meget store. Dernæst kom de frem for Kongen Udgaardsloke og hilste ham, men han saa langsomt hen paa dem og smilte spodsk og sagde: "det tager lang Tid at spørge om en lang Rejses Oplevelser; men er det ikke, som jeg tror, at denne Smaadreng er Agetor? Du er dog vel mægtigere, end du synes mig at være; hvad er det for Idrætter, som du og dine Ledsagere mener at kunne vise os Prøver paa? Ingen skal være her iblandt os, som ikke forstaar sig paa en eller anden Kunst eller Færdighed i højere Grad end andre." Da sagde den, som stod bagerst, det var Loke: "jeg kan den Idræt, som jeg er ganske rede til at prøve, at der er ingen herinde, der er i Stand til hurtigere at spise sin Mad end jeg." Da svarede Udgaardsloke: "det er en Idræt, ifald du kan udføre den; vi skal da prøve denne Idræt"; saa kaldte han paa en, der hed Loge, som sad nederst paa Bænken; han skulde træde frem paa Gulvet og prøve Kræfter med Loke. Saa blev der taget et Trug, som blev baaret ind paa Hallens Gulv, Og det blev fyldt med Kød. Loke satte sig ved den ene Ende og Loge ved den anden. De aad begge saa voldsomt de kunde og mødtes midt i Truget; da havde Loke spist alt det Kød, der var paa Knoklerne, men Loge havde ikke blot spist alt Kødet, men ogsaa Knoklerne og Truget med, saa at alle fandt, at Loke havde tabt. Da spurgte Udgaardsloke, hvilken Leg den unge Mand forstod sig paa; Tjalve svarede, at han vilde prøve at løbe nogle Gange omkap med en eller anden, som Udgaardsloke bestemte dertil. Denne sagde, at dette var en smuk Idræt, men at det var sandsynligt, at han maatte være vel udrustet med Hensyn til Hurtighed, hvis han skulde kunne udføre den Idræt, hvilket dog hurtig skulde blive prøvet. Da stod Udgaardsloke op og gik ud, hvor der var en flad Slette, vel skikket til Kapløb. Da kaldte Udgaardsloke til sig en lille Dreng, som kaldtes Huge, og bød ham at løbe omkap med Tjalve. De tog saa det første Løb, og Huge var kun saa meget foran, at han ved Banens Ende lige fik Tid til at vende sig om imod Tjalve. Da sagde Udgaardsloke: "du maa anstrenge dig noget mere, Tjalve, hvis du skal sejre, men sandt er det, at du er den fodrappeste Mand, der er kommet hid." Saa tog de et andet Løb, men da Huge nu kom til Banens Ende og vendte sig om, var der et langt Pileskuds Afstand til Tjalve. Da sagde Udgaardsloke: "jeg synes Tjalve løber godt, men jeg tiltror ham ikke mere at kunne vinde Sejr; men nu skal det fuldt ud prøves i det tredje Løb." Saa tog de endnu et Løb; men da Huge var kommen til Banens Ende og vendte sig om, var Tjalve endnu ikke kommen midt paa Banen. Da erklærede alle, at denne Leg var tilstrækkelig prøvet. Nu spurgte Udgaardsloke Tor, hvilke Idrætter han vilde vise dem, saa storslaaede Fortællinger, der havde dannet sig om hans Storbedrifter. Da sagde Tor, at han vilde snarest nævne at drikke omkap med en eller anden. Udgaardsloke sagde, at det kunde godt ske, gik saa ind i Hallen og kaldte paa sin Mundskænk og bød ham tage det Straffehorn, som Hirdmændene plejede at tømme. Derpaa kom Mundskænken med Hornet og gav det til Tor. Da sagde Udgaardsloke: "det anses for dygtig drukket, hvis Hornet tømmes i eet Drag, men nogle drikker det ud i to Drag, men ingen er saa sløj en Karl til at drikke, at det ikke tømmes i tre." Tor ser paa Hornet og synes ikke det var saa stort, men det var dog temmelig langt; til Gengæld er han meget tørstig, begynder at drikke og tager meget store Slurke; han mente at han ikke oftere skulde behøve at bøje Hovedet ned over Hornet; men da han tabte Vejret og maatte trække Hovedet fra Hornet og undersøgte, hvorledes det gik med Drikken, syntes det ham, at den ikke stod ret meget lavere i Hornet end før. Da sagde Udgaardsloke: "bravt drukket, og dog ikke for meget. Ikke vilde jeg have troet det, om det var blevet mig fortalt, at Asator ikke var i Stand til at tage større Drag, men jeg forstaar, at Du vil tømme Hornet i det næste". Tor svarede intet, men satte Hornet for sin Mund og havde til Hensigt at tage et større Drag; han anstrængte sig indtil Vejret gik fra ham, men han ser atter, at Hornets Ende ikke kommer saa højt op, som han ønskede det, og da han tog Hornet fra Munden og saa deri, forekom det ham, som dets Indhold var svundet endnu mindre end første Gang; nu kunde det lige bæres uden at man spildte noget. Da sagde Udgaardsloke: "hvad er der nu Tor; levner du ikke mere til et Drag endnu end det er dig tjenligt? Det synes mig, at hvis du skal tømme Hornet i det tredje Drag, maa dette blive det største; men du vil ikke kunne gælde for en saa stor Mand hos os som Aserne kalder dig, hvis du ikke viser dig dygtigere i andre Lege, end det forekommer mig at være Tilfældet med denne." Da blev Tor vred, satte Hornet for Munden og drak saa voldsomt han kunde og anstrengte sig af alle Kræfter. Men da han saa ned i Hornet, havde han denne Gang faaet Drikken til at svinde mest, og da giver han Hornet fra sig og vil ikke drikke mere. Da sagde Udgaardsloke: "nu er det klart, at dine Kræfter ikke er saa store som vi troede; vil du prøve flere Lege? Af denne faar du aabenbart ingen Hæder." Tor svarede: "jeg kan endnu forsøge nogle Lege, men underligt vilde det tykkes mig, hvis saadanne Drag var bleven kaldte saa ubetydelige hjemme hos Aserne. Men hvilken Leg vil I nu byde mig?" Da sagde Udgaardsloke: "Smaadrenge gør her, hvad der vil synes ringe nok, nemlig at løfte min Kat i Vejret, men ikke vilde jeg have vovet at foreslaa Asator sligt, hvis jeg ikke havde set, at du er langt ringere af dig, end jeg havde troet". Dernæst sprang en graa Kat, temmelig stor, frem paa Hallens Gulv; Tor gik hen til den og tog med sin Haand midt under dens Bug og løftede den op, men Katten krummede sin Ryg, efter som Tor strakte Armen i Vejret; da Tor strakte sig saa højt op han kunde, lettede Katten et af sine Ben; saaledes formaaede Tor ikke at udføre denne Leg. Da sagde Udgaardsloke: "saaledes gik det med denne Leg, som jeg ventede. Katten er temmelig stor, men Tor er lille og lavstammet ved Siden af de Kæmper, som er her hos mig." Da sagde Tor: "saa ringe som I kalder mig, saa gaa nu en eller anden frem for at brydes med mig, - nu er jeg vred." Da svarede Udgaardsloke, idet han saa sig omkring paa Bænkene: "jeg ser ingen her, som ikke vil finde det nedværdigende at brydes med dig, men," tilføjede han, "lad os dog se; kald mig hid min gamle Fostermoder Elle, og lad Tor brydes med hende, hvis han vil. Hun har fældet saadanne Folk, som ikke syntes mig mindre stærke end Tor." Derpaa gik en gammel Kone ind i Hallen. Da sagde Udgaardsloke, at hun skulde brydes med Asator. Kort at melde gik det saaledes med Brydekampen, at jo kraftigere Tor tog fat, desto fastere stod hun. Saa begyndte den gamle at ty til Brydekneb, og da begyndte Tor at vakle, og efter nogle faa men meget kraftige Bevægelser faldt Tor paa Knæ med det ene Ben. Da gik Udgaardsloke hen og bød dem holde op med Kampen og sagde, at Tor nok ikke behøvede at udæske flere af hans Mænd blandt Hirden til Brydekamp. Da var det ogsaa henimod Nat. Udgaardsloke anviste Tor og hans Ledsagere Sæde, og de var dér om Natten og blev vel beværtede.

46. Da det dagedes om Morgenen, stod Tor og hans Ledsagere op, klædte sig paa og var rede til at bryde op. Da kom Udgaardsloke til dem og lod sætte Bord for dem; det skortede ikke paa god Beværtning baade i Mad og Drikke. Da de havde spist, gjorde de sig rede til Afrejsen. Udgaardsloke fulgte dem ud og ledsagede dem ud af Borgen. Ved Afskeden spurgte nu Udgaardsloke Tor, hvad han syntes om sin Rejse og om han havde truffet paa nogen mægtigere end ham. Tor sagde, at han ikke vilde nægte, at det var gaaet ham lidet hæderfuldt i Mellemværendet med ham, "jeg ved, at I vil kalde mig en ubetydelig Mand, og det er jeg meget utilfreds med." Da sagde Udgaardsloke: "nu skal jeg sige dig Sandheden, siden du er kommen ud af Borgen; - og dersom jeg lever og kan raade, skal du aldrig mere komme inden for den, og du skulde min Tro aldrig være kommen ind i den, hvis jeg i Forvejen havde vidst, at du var saa kraftig; paa et hængende Haar havde du bragt os i den største Fare. Jeg har brugt mod dig Øjenforblindelser, og første Gang i Skoven; det var mig, som kom til Møde med Eder der. Da du skulde løse Madsækken, havde jeg bundet den sammen med "Gres"jærn, saa at du fandt ikke, hvor man skulde aabne den. Dernæst slog du mig med Hammeren tre Hug, hvoraf det første var det mindste, men dog saa svært, at hvis det havde ramt mig, havde det været mere end nok til at dræbe mig; dér hvor du i Nærheden af min Hal saa en Klippeflade med tre firkantede Dale, hvoraf een dybest, der var dine Hammermærker; Klippen skød jeg mod Huggene, men det saa du ikke. Hvad Legene, som I prøvede med mine Hirdmænd, angaar, var det den første, som Loke forsøgte. Han var meget sulten og spiste graadigt, men den som hed Loge (Lue) var en forvildende Ild, der lige saa hurtig kunde opbrænde Truget som Kødet. Da Tjalve løb omkap med Huge (Hu), var det min Hu (Tanke), og det var haabløst for Tjalve at ville maale sig med den i Hurtighed. Men da du drak af Hornet, syntes du at det gik langsomt; men saa sandt jeg lever skete der et Vidunder, hvis Mulighed jeg ikke havde kunnet tro. Den anden Ende af Hornet var ude i Havet, men det saa du ikke, men nu naar du kommer derhen, vil du kunne se, hvor meget du har drukket deraf; det, der blev tørt, kaldes nu Forstrand," og han fortsatte: "ikke syntes det mig mindre betydeligt, at du løftede Katten, og da blev sandt at sige alle bange, som saa, at du løftede et af dens Ben i Vejret, men den Kat var ikke hvad den syntes dig at være; det var Midgaardsormen, der omspænder hele Jorden; dens Længde strakte knap til, at Halen og Hovedet berørte Jorden, og saa højt strakte du din Arm, at der kun var et kort Stykke tilbage til Himlen. Din Brydekamp var ogsaa et stort Under, da du stod saa længe imod og ikke faldt mere end paa det ene Knæ, da du kæmpede med Elle; der har nemlig aldrig været nogen og der vil heller aldrig fødes nogen, hvem Elle (Ælden) ikke vil bringe til Fald, forudsat at han bliver saa gammel, at han opnaar Alderdommen. Nu siger jeg dig forvist, at vi skal skilles, og det vil være bedst for begge Parter, at I ikke kommer oftere for at træffe mig. Atter vil jeg da værge min Borg med saadan List eller en lignende, saa at I aldrig vil kunne overvinde mig." Da Tor havde hørt denne Tale, greb han sin Hammer og svang den, men da han skulde til at slynge den frem, saa han ingensteds Udgaardsloke; saa vendte han sig om imod Borgen og havde til Hensigt at bryde den ned; da saa han der kun en stor og smuk Slette, men ingen Borg. Han vendte saa tilbage og drog sin Vej, til han kom hjem til Trudvang. Men det er sikkert, at da bestemte han ved sig selv at gøre Forsøg paa at træffe sammen med Midgaardsormen, hvad der ogsaa siden skete. Nu tror jeg, at ingen er i Stand til at give dig bedre Besked om denne Tors Rejse.

47. Da sagde Gangtræt: Meget mægtig maa Udgaardsloke være, men List og Trolddom benytter han sig af i høj Grad; man kan se, hvor mægtig han er, siden han har saa kraftige Hirdmænd. Men har Tor ikke hævnet sig? - Haar svarede: Det er ikke ukendt, og det behøver man ikke at være nogen sagnkyndig Mand for at vide, at Tor fik Oprejsning for denne Rejse, vi nu har fortalt om. Han opholdt sig ikke længe hjemme, før han gjorde sig rede til at drage af Sted og det i en saadan Skynding, at han hverken havde sin Kærre eller sine Bukke eller tog nogen Ledsager med sig. Han gik ud af Midgaard i en ung Mands Skikkelse og kom en Aften til en Jætte, som hed Hymir. Der opholdt Tor sig om Natten. Ved Daggry stod Hymir op og klædte sig paa og gjorde sig rede til at ro ud paa Fiskeri; Tor sprang op og var hurtig færdig og bad om at maatte ro med ham ud paa Søen, men Hymir sagde, at han vilde være ham til ringe Nytte, saa lille og ung som han var - "du vil fryse, dersom jeg sidder saa længe og saa langt ude som jeg plejer." Men Tor sagde, at han for den Sags Skyld kunde ro langt ud fra Land; det var ikke sikkert, om han vilde være den første til at forlange at ro hjem igen, og Tor blev saa vred paa Jætten, at det var nær ved, at han havde ladet Hammeren synge for hans Øren, men han lod være, ti han tænkte paa at prøve sine Kræfter andetsteds. Han spurgte Hymir, hvad de skulde bruge til Madding, men Hymir bad ham selv sørge for Madding til sig. Da gik Tor hen, hvor han saa en Flok

Øksne, der tilhørte Hymir. Han tog den største Okse Himinhrjod, rev Hovedet af den og begav sig dermed ned til Søen. Da havde Hymir stødt Baaden fra Land. Tor gik ud i Baaden og satte sig i Øserummet, tog to Aarer og roede, saa at Hymir syntes Baaden skød god Fart ved hans Roning. Hymir roede foran i Forstavnen; Roningen gik hurtig indtil Hymir sagde, at nu var de komne til den Fiskegrund, hvor han plejede at ligge og fange Fladfisk [Helleflynder], men Tor sagde, at han vilde ro meget længere, og de roede endnu et godt Stykke ud. Da sagde Hymir, at de nu var komne saa langt ud, at det var voveligt at ligge længere ude for Midgaardsormen, men Tor erklærede, at han vilde ro endnu en Stund, og det gjorde han; da var Hymir ikke synderlig veltilmode. Efterat have trukket Aarerne ind, gjorde Tor en meget stærk Fiskesnøre i Stand; Krogen var ikke mindre i Forhold dertil eller mindre stærk; Oksehovedet anbragte Tor paa Krogen og kastede den over Bord; Krogen sank til Bunds. Sandt at sige dig narrede Tor dengang Midgaardsormen ikke mindre end Udgaardsloke havde haanet Tor, dengang han løftede Ormen op i sin Haand. Midgaardsormen gabede over Oksehovedet, men Krogen hagede sig fast i Ormens Gane; da den mærkede det, gjorde den et saa kraftigt Ryk, at begge Tors Næver stødte imod Baadkanten. Da blev Tor vred og iførte sig sin Asastyrke, stemmede Fødderne saa kraftigt imod, at han traadte med begge Ben igennem Baaden og stod paa Bunden af Havet, men trak Ormen op til Baadkanten. Det kan siges med Rette, at aldrig har nogen set et frygteligt Syn, som ikke saa, hvorledes Tors Øjne skød Lyn mod Ormen, og Ormen stirrede nedefra imod ham og spyede Edder. Det siges at Jætten Hymir skiftede Farve og blev bleg af Angst, da han saa Ormen og hvorledes Søen væltede ind og ud af Baaden; i det Øjeblik, da Tor greb Hammeren og svang den, greb Jætten famlende Agnkniven og overskar Tors Snøre mod Baadkanten, men Ormen sank i Havet; Tor kastede Hammeren efter den, og man siger, at han slog Hovedet af den nede i Dybet, men jeg tror, at Sandheden dog er den, at Midgaardsormen lever endnu og ligger i Udhavet. Tor løftede sin knyttede Næve og slog Hymir paa Øret, saa han styrtede over Bord, og man kan endnu se hans Fodsaaler [stikkende i Vejret], men Tor vadede i Land.

48. Da sagde Gangtræt: Er der sket nogle endnu vigtigere Begivenheder hos Aserne? En stor Bedrift udførte Tor paa denne Færd. - Haar svarede: Der er de Tidender at fortælle om, som Aserne tillagde større Betydning. Men det er Begyndelsen til den Fortælling, at Balder den gode havde svære og farlige Drømme om sit Liv. Da han fortalte sine Drømme til Aserne, raadslog de sammen, og det blev bestemt at bede om Sikkerhed for Balder imod enhver Slags Fare, og Frigg tog Ed paa, at Ild og Vand, Jærn og alslags Malm, Stene, Jorden, Træerne, Sygdommene, Dyrene, Fuglene, Edderen, Ormene skulde skaane Balder. Men da dette var gjort og bestemt, var det Balders og Asernes Moro, at han skulde staa frem paa Tinge, og alle de andre skulde dels skyde efter ham, dels hugge til ham, dels stene ham. Men hvad der end blev gjort, tog han ingen Skade, og alle syntes dette var en stor Hæder. Men da Loke Løvøssøn saa dette, syntes han ilde om, at Balder ingen Skade tog. Han gik til Frigg i Fensal efter først at have forvandlet sig til en Kvinde. Da spurgte Frigg, om den Kvinde vidste, hvad Aserne foretog sig paa Tinge. Hun sagde, at alle skød paa Balder, men at han tog ingen Skade deraf. Da sagde Frigg: "ikke vil noget Vaaben eller Træ tilføje Balder Mén; jeg har taget Ed af dem alle." Da spurgte Kvinden: "har alle Ting svoret at ville skaane Balder?" Da svarede Frigg: "der vokser et Skud vest for Valhal; det hedder Mistelten; det syntes mig for ungt at kræve Ed af." Derpaa forsvandt Kvinden, men Loke rykkede Misteltenen op og gik til Tinge. Hød stod yderst i Kresen, ti han var blind. Da sagde Loke til ham: "hvorfor skyder du ikke paa Balder?" Han svarede: "fordi jeg ikke kan se, hvor Balder staar; tilmed er jeg vaabenløs." Da sagde Loke: "gør dog ligesom de andre og vis Balder den samme Ære som de; jeg skal vise dig, hvor han staar; skyd denne Vaand imod ham". Hød tog Misteltenen og skød den mod Balder efter Lokes Anvisning; Skuddet fløj igennem Balder og han faldt død til Jorden. Det er den største Ulykkesgerning, der er gjort blandt Guder og Mennesker. Da Balder var falden, kunde Aserne ikke faa et Ord frem eller røre deres Hænder for at tage ham op; den ene saa paa den anden, men alle havde de samme Sind mod ham, som havde udført Gerningen, men ingen kunde tage Hævn, ti saa helligt var Stedet. Da Aserne forsøgte at tale, brød Graaden dog først frem, saa at ingen kunde fortælle den anden om sin Smerte i Ord, men Odin følte dette Tab saa meget stærkere, som han forstod bedre end de andre, hvor stort et Tab og Savn der havde ramt Aserne ved Balders Død. Men da Guderne kom til Besindelse, talte Frigg og spurgte, hvem af Aserne vilde vinde hendes Kærlighed og Yndest ved at ride ad Helvejen og forsøge at finde Balder og tilbyde Hel Løsepenge, dersom hun vilde lade Balder komme hjem igen til Asgaard. Men han hed Hermod den raske, en Søn af Odin, der var villig til at paatage sig Rejsen. Da blev Odins Hest Sleipnir taget og ført frem; Hermod besteg den og sprængte bort. Aserne tog nu Balders Lig og førte det ned til Søen. Hringhorne hed hans Skib, det største af alle Skibe; det vilde Guderne skyde ud i Søen og paa dette holde Balders Baalfærd, men Skibet var ikke til at rokke. Da blev der sendt Bud til Jøtunheim efter Jættekvinden Hyrrokkin; da hun kom ridende paa en Ulv med en Hugorm til Tømme, sprang hun af Hesten, men Odin kaldte til fire Bersærker for at vogte den; de kunde ikke holde den, medmindre de kastede den om paa Jorden. Da gik Hyrrokkin løs paa Skibets Forstavn og stødte det frem i første Tag, saa at der sprang Flammer ud af Rullerne og hele Jorden rystede. Da blev Tor vred, greb sin Hammer og vilde have knust hendes Hoved, hvis ikke alle Guderne havde bedt for hendes Liv. Saa blev Balders Lig baaret ud paa Skibet, men da hans Hustru, Nanna Nepsdatter, saa det, brast hendes Hjærte af Sorg og hun døde; hun blev da ogsaa baaret ud paa Skibet, og der blev tændt Ild deri. Da gik Tor til og viede Baalet med Mjølnir; foran hans Fødder løb der en Dværg, som hed Lit; Tor sparkede ham med sin Fod ind i Baalet og han brændte. Til denne Ligbrænding kom der mange Slags Folk, først maa Odin nævnes; med ham kom Frigg, Valkyrjerne, og hans Ravne, Frey kørte i en Kærre trukken af den Galt, der hedder Gyldenbørst eller Slidrugtand, Heimdal red paa Hesten Guldtop; Freyja kørte med sine Katte. Der kom ogsaa en stor Skare Rimturser foruden Bjærgriser. Odin lagde paa Baalet Guldringen Drøpnir; den besad den Egenskab, at hver niende Nat dryppede der af den otte Guldringe, ligesaa vægtige som den selv. Balders Hest blev ført paa Baalet med hele Ridetøjet. Om Hermod er at fortælle, at han red ni Nætter gennem mørke og dybe Dale, saa at han intet kunde se, før han kom til Gjallelven og red ud paa Gjallebroen; den er belagt med lysende Guld. Modgunn hedder den Mø, der vogter Broen; hun spurgte om hans Navn og Herkomst og sagde, at Dagen i Forvejen var der redet over Broen fem Fylker af døde Mænd - "men Broen drøner ikke mindre under dig alene, og du har ikke døde Mænds Løb; hvorfor rider du her paa Helvejen?" Han svarede: "jeg skal ride til Hel for at opsøge Balder; har du set noget til ham her paa Helvejen?" Hun fortalte, at Balder var redet over Gjallebroen - "men Vejen til Hel fører mod Nord og nedad." Da red Hermod indtil han kom til Hels Led; her steg han af Hesten, spændte Sadelgjorden fast, besteg den igen og gav den af Sporerne, og Hesten satte med et saa kraftigt Spring over Leddet, at den kom det slet ikke nær. Da red Hermod hjem til Hallen og steg af Hesten og gik ind i Hallen; her saa han sin Broder Balder siddende i Højsædet, og Hermod var der om Natten. Men om Morgenen bad Hermod Hel om at tillade Balder at ride hjem med ham og fortalte, hvor dyb en Sorg der var hos Aserne, men Hel sagde, at nu kunde det vise sig, om Balder var saa elsket som der sagdes: "dersom alle Ting i Verden, levende og døde, begræder ham, skal han igen komme til Aserne, men forblive hos Hel, dersom nogen siger noget derimod eller nægter at græde." Da stod Hermod op, men Balder førte ham ud af Hallen og tog Ringen Drøpnir og sendte Odin den til Minde, Nanna sendte ligeledes Frigg en Særk og flere andre Gaver, Fulla gav hun en Fingerring. Da red Hermod sin Vej tilbage til Asgaard og fortalte alt, hvad han havde set og hørt. Derpaa sendte Aserne Bud over hele Verden for at bede om, at Balder maatte blive grædt ud af Hel; alle gjorde det, Mennesker og Dyr, Jorden, Stene, Træer og al Malm, saaledes som du nok har set at disse Ting græder, naar de kommer fra Kulde i Varme. Da Sendebudene drog hjem efter at de havde udført deres Ærinde vel, fandt de en Jættekvinde siddende i en Klippehule; hun kaldte sig Tak; de bad hende græde Balder ud af Hel, men hun sagde:

49. Tak vil græde
tørre Taarer
over Balders Baalfærd;
ej i Død, ej i Liv

glæded mig Odins Søn,
beholde Hel hvad hun har.

Man formoder, at det har været Loke Løvøssøn, der har voldet de største Ulykker blandt Aserne.

49. Da sagde Gangtræt: Meget har Loke voldt, siden han først bevirkede, at Balder blev dræbt og saa det, at han ikke kunde løskøbes fra Hel. Fik han ingen Straf derfor? - Haar siger: Han fik Løn derfor, som han længe vil mindes. Da Guderne var bleven saa vrede paa ham, som venteligt var, flygtede han bort og skjulte sig paa et Bjærg, og byggede sig der et Hus med fire Døre paa, for at han kunde se ud af Huset til alle Retninger. Ofte om Dagen forvandlede han sig til en Laks og skjulte sig i Fraanangersfos. Da tænkte han paa, hvilken List Aserne vilde finde paa for at fange ham i Fossen. Og medens han sad i Huset, tog han noget Hørgarn og knyttede Masker derpaa, som Næt siden er gjorte; der brændte et Baal foran ham. Da saa han, at Aserne var kort fra ham, ti Odin havde fra Hlidskjalv set, hvor han var. Han sprang straks op og styrtede sig i Elven, men Nættet kastede han paa Ilden. Da Aserne nu kom til Huset, gik den først ind, der var den viseste af dem, Kvasir; da han paa Ilden saa de brændte Rester af Nættet forstod han, at det maatte være et Redskab til at fange Fisk, og det fortalte han Aserne. Dernæst tog de og gjorde sig et Næt som de af Asken kunde se, at Loke havde gjort. Da Nættet var færdigt, drog Aserne til Elven og kastede Nættet i Fossen. Tor holdt den ene Ende af Nættet, alle Aserne den anden og de trak Nættet; Loke Svømmede foran og lagde sig ned mellem to Stene; de trak Nættet over ham og mærkede, at de stødte paa noget levende; de begav sig for anden Gang op til Fossen og kastede Nættet ud og bandt nu noget derved saa tungt, at intet skulde kunne krybe under. Loke svømmede nu foran Nættet, men da han saa, at der kun var et kort Stykke til Havet, sprang han over Nættets Kant og svømmede op til Fossen. Nu saa Aserne, hvor han var, og drog atter op til Fossen og delte Skaren i to Dele, men Tor vadede midt igennem Elven; og saaledes drog de ned til Havet. Da saa Loke, at der var to Ting at vælge imellem, at Svømme ud i Havet, men det var livsfarligt; eller at springe endnu en Gang over Nættet, dette gjorde han og sprang rask over Nættet. Tor greb efter ham og fik ham taget, men han gled i hans Haand, saa at Haanden standsede først ved Halefinnen; af den Grund er Laksen saa smal bagtil. Nu var Loke greben uden Lejde og han blev bragt hen til en Hule. Saa tog de tre flade Stene og rejste dem paa Kant og huggede Hul i hver af dem. Da blev Lokes Sønner Vaale og Nare eller Narve tagne; Aserne forvandlede Vaale til en Ulv, der rev sin Broder Narve i Stykker. Da tog Aserne hans Tarme og bandt dermed Loke til de tre skarpkantede Stene; den ene staar under hans Skuldre, den anden under Lænderne, den tredje under Knæhaserne; de Baand blev til Jærn. Da tog Skade en Edderorm og fæstede den over ham, for at Giften skulde dryppe fra Ormen ned i hans Ansigt, men hans Hustru Sigyn staar ved Siden af ham og holder et Bækken under Edderdraaberne; naar Bækkenet er fuldt, gaar hun hen og slaar Giften ud, men imidlertid drypper Edderen ned i hans Ansigt. Da farer han saa voldsomt sammen, at hele Jorden ryster - det kalder I for Jordskælv. Dér ligger han i Lænker til Ragnarøk.

50. Da sagde Gangtræt: Hvad er der at fortælle om Ragnarøk; det har jeg ikke før hørt nævne? Haar siger: Store og mange Tidender er derom at fortælle, for det første det, at der skal komme en Vinter, som kaldes Fimbulvinter; da fyger der Sne fra alle Kanter; der er stræng Frost og heftige Storme, Solen skinner ikke; det er tre uafbrudte Vintre med ingen Sommer imellem, men før dem er der gaaet tre andre Vintre med svære Kampe rundt om i Verden; da dræber Brødre hinanden paa Grund af Begærlighed og ingen skaaner Fader eller Søn hverken med Hensyn til Liv eller Ægteskabsforbindelser; saaledes hedder det i Vølvens Spaadom:

> 50. Brødre vil kæmpe
> og blive hinandens Bane,
> Sønner af Søstre

vil Slægtskab spotte;
det er strængt paa Jorden,
meget Ægteskabsbrud,
Øksetid, Sværdtid,
Skjolde kløves,
Vindtid, Ulvetid
før Verden synker.

Da sker der en Begivenhed af megen Betydning: Ulven sluger Solen, og det vil man anse for en stor Ulykke. Da tager den anden Ulv Maanen, hvilket og-saa er et stort Mén; Stjærnerne forsvinder fra Himlen. Da sker ogsaa det, at Jorden og Bjærgene ryster saa stærkt, at Træer løsnes fra Jorden, Klipperne styrter ned, og alle Lænker og Baand brydes og slides over. Da kommer Fen-risulven løs; Havet bruser ind over Jorden, ti Midgaardsormen bugter sig i Jættevrede og søger op paa Land. Da løsnes ogsaa Naglfar, det Skib, som hed-der saa, det er bygget af døde Mænds Negle; derfor maa det siges til Advar-sel, at hvis en Mand dør med uafskaarne Negle, vil han forøge meget Stoffet til Skibet Naglfar, som Guder og Mennesker vilde ønske sent blev gjort. Men i denne Søgang kommer Naglfar flot. Hrym hedder en Jætte, der styrer Nagl-far. Fenrisulven styrter frem med gabende Kæber; den nederste berører Jor-den, den øverste Himlen; hvis der var Plads, vilde den gabe endnu mere; der staar Flammer ud af dens Øjne og Næsebor. Midgaardsormen spyr Edder, saa at hele Luften og Havet bliver oversprøjtet deraf; den er meget frygtelig og styrer frem ved Siden af Ulven. Under alt dette Bulder kløves Himlen og Muspells-Sønnerne rider frem. Surt rider først, foran ham og bagved ham er der flammende Ild; han har et godt Sværd, der straaler klarere end Solen; men naar de rider over Bivrøst, brister den, som det før er sagt. Muspells-Sønnerne trænger frem paa den Slette, der hedder Vigrid; derhen kommer ogsaa Fenrisulven og Midgaardsormen; fremdeles Loke og Hrym og med ham alle Rimturser, men alle Hels-Fæller følger Loke, Muspells-Sønnerne har en Fylking for sig; den straaler stærkt. Sletten Vigrid er hundred Raster paa hver Led. Naar alt dette sker, staar Heimdal op og blæser voldsomt i

Gjallarhorn og vækker alle Guderne; de holder saa Ting. Da rider Odin til Mimirs Brønd og faar Raad hos Mimir for sig og sin Hær. Da skælver Ygdrasils-Asken, og intet i Himlen eller paa Jorden er da uden Frygt. Aserne og alle Einherjerne hærklæder sig og søger frem paa Sletten. Odin rider i Spidsen med Guldhjælmen og skinnende Brynje og med sit Spyd, der hedder Gungnir. Han stævner frem mod Fenrisulven, og Tor ved Siden af ham, men han er ude af Stand til at hjælpe Odin, eftersom han har fuldt op at gøre med Kampen med Midgaardsormen. Frey kæmper med Surt en haard Kamp, indtil Frey falder; det volder hans Død, at han maa undvære det gode Sværd, han gav Skirnir. Ogsaa Hunden Garm, der var bunden ved Indgangen til Gnipahulen, er kommen løs; den er det værste Uhyre; den kæmper med Ty, og de dræber hinanden. Tor bliver Midgaardsormens Banemand, men han gaar kun ni Skridt bort, saa segner han død til Jorden af al den Edder, som Ormen har udspyet mod ham. Ulven sluger Odin, der saaledes lader sit Liv, men Vidar staar straks frem og træder med den ene Fod i Ulvens Underkæbe; paa den Fod har han den Sko, hvortil der gennem alle Tider er samlet de smaa Skindstumper, som man udskærer af Skoene ved Taa og Hæl; derfor skal enhver, der vil tænke paa at blive Aserne til Nytte, kaste de Stumper bort. Med sin ene Haand tager saa Vidar Ulvens Overkæbe og river saaledes dens Gab i sønder, hvilket volder Ulvens Død. Loke kæmper med Heimdal, og de dræber hinanden. Dernæst slynger Surt Ild over Jorden og opbrænder hele Verden. Saaledes fortæller Vølvens Spaadom:

> 51. Højt blæser Heimdal,
> Hornet er løftet,
> Odin taler
> med Mimirs Hoved,
> Ygdrasils-Asken
> staaende bæver,
> det suser i det gamle Træ,
> Jætten løsnes.

52. Hvad er der hos Aser?
Hvad er der hos Alver;
hele Jøtunheim buldrer,
Aser er paa Tinge;
Dværge stønner
foran Stenens Dør,
Klippernes Kendere.
Ved I endmer eller ej?

53. Hrym sejler øst fra
med Skjold for Bryst,
Jørmungand snor sig
i Jættevrede;
Ormen pisker Bølgen,
Ørnen gjalder,
Lig den brune hakker.
Naglfar løsnes.

54. Skibet kommer fra Øst,
over Hav stævner
Hels alle Mænd,
Loke styrer;
dér er med Ulven
alle Jætter,
Byleists Broder
med dem følger.

55. Surt kommer syd fra
med svidende Ild,
det skinner som Sol
af Valgudens Sværd,
Stenbjærge styrter,

Trolde falder,
Mennesker dør,
Himlen brister.

56. Da fuldbyrdes
Hlins anden Sorg,
naar Odin skal
med Ulven kæmpe,
og Beles lyse
Bane med Surt.
Der vil Frigg
sin Fryd miste.

57. Odins Søn vil
med Ulven kæmpe,
Vidar gaar frem
mod Valens Dyr;
han rammer med Sværd
Jættens Hjerte,
Hvedrungs Søns,
det er Faderhævn.

58. Da vil Jordens
berømte Søn,
ryomstraalet,
fra Ormen gaa;
alle Mennesker
Jord-Hjem forlader,
naar Midgaards Vogter
i Vrede slaar.

59. Solen vil sortne,
i Hav synker Jord,

fra Himlen forsvinder
de tindrende Stjærner;
Flammen raser,
Baalet knitrer,
højt spiller Luen
mod Himlen selv.

Her hedder det fremdeles saaledes:

60. Vigrid hedder Sletten,
hvor til Kamp mødes
Surt og de gode Guder;
hundred Raster
er den paa hver Led;
den er dem til Valplads vis.

51. Da sagde Gangtræt: Hvad bliver der saa tilbage, naar hele Verden er brændt, alle Guder og alle Einherjer døde og hele Menneskeheden gaaet tilgrunde, og dog har I før sagt, at enhver skal evig leve i en eller anden Verden? Da svarede Tredje: Der vil da være mange gode og mange slette Opholdssteder. Det bedste Sted at være paa er Gimle i Himlen; men i det Hus, der hedder Brimir, er der ogsaa rigeligt med god Drik for alle dem, der holder af det, den Sal staar paa Okolnir; der er ogsaa en god Sal paa Nidafjældene, bygget af det røde Guld, som hedder Sindre. I disse Huse skal gode og dydige Mennesker bo. Paa Naastrand er der en stor og slem Sal, hvis Dør vender mod Nord; den er sammenflettet af Ormerygge som et Hus af Vidjer, alle Ormehovederne vender indad og spyr Edder, saa at der igennem Salen strømmer Edderelve, der gennemvades af Menedere og Mordbrændere, som det her hedder:

61. Jeg ved hvor en Sal
staar fjærnt fra Sol

paa Naastranden,
mod Nord vender Døren;
Edderdraaber falder
ind gennem Lyren,
den Sal er omviklet
med Ormerygge.

62. Dér skal de tunge
Strømme vade
menederske Mænd
og Mordulve.

Men i Hvergelmir er værst at være:

63. Der piner Nidhug
de dødes Lig.

52. Da sagde Gangtræt: Lever der nogle af Guderne til den Tid, og er der da nogen Jord eller Himmel? - Haar svarede: Jorden løftes da op af Havet, grøn og herlig; da vil Markerne gro usaaede. Vidar og Vaale vil da leve; dem har hverken Havet eller Surtslue skadet; de vil bo paa Idesletten, hvor Asgaard tidligere var; dér vil da ogsaa Tors Sønner komme Mode og Magne, og bringe Mjølnir med sig. Ligeledes vil Balder og Hød komme fra Hel. De vil da alle samles til Sæde og Samtaler, de mindes deres Runer og taler om de tidligere Begivenheder, om Midgaardsormen og Fenrisulven. Da vil de i Græsset igen finde de Guldbrikker, som Aserne havde ejet. Saaledes hedder det:

64. Vidar og Vaale
vil bo i Guders Hjem,
naar Surts Lue slukkes;
Mode og Magne

skal Mjølnir faa,
naar Tor ej mer kæmpe kan.

I Hoddmimirsholt har to Mennesker, der hedder Liv og Livtrasir, skjult sig under Surtsbranden; de næres af Morgendug; fra dem skal der nedstamme en saa stor Slægt, at hele Verden bliver befolket, som det siges her:

65. Liv og Livtrasir
lønlig dvæler
i Hoddmimirsholt;
Morgendug
til Mad dem tjener;
fra dem Slægter stammer.

Men det vil du finde mærkeligt, at Solen har født en Datter, lige saa lys som den selv; hun vil bevæge sig ad sin Moders Bane, som det her hedder:

66. En Datter vil
Solen føde,
før den af Ulven sluges;
hun skal ride
ad sin Moders Veje,
naar Magterne ej er mere.

Dersom du nu kan spørge længere frem i Tiden, saa ved jeg ikke, hvorfra du kan have det, ti aldrig har jeg hørt nogen Mand fortælle Tidens Løb videre - og nyd du nu [det hørte], som du har opfattet det.

53. Dernæst hørte Gangtræt store Brag til alle Sider, og han vendte sig om; da han saa sig mere om, opdagede han, at han stod ude paa en flad Slette, hvor han hverken saa nogen Hal eller Borg. Han gik da bort sin

Vej og kom hjem igen til sit Rige, hvor han fortalte alt, hvad han havde set og hørt, og efter ham har alle, den ene efter den anden, fortalt hinanden disse Fortællinger.

Men Aserne gik til Samtale og Raadslagning, mindedes nu alt det, som der blev fortalt ham og gav alle de samme førnævnte Navne til de Mennesker og de Steder, som der var, for at ingen, naar lange Tider var gaaet, skulde tvivle om, at de Aser, hvorom der nu har været fortalt, var ganske de samme som de, hvem deres Navne nu blev givne. Der var een, der kaldtes Tor, det var den gamle Asator.

Tillæg:

Af Skjaldskabslæren

K. 1, 17, 18, 33.

(1) En Mand hed Ægir eller Hler. Han boede paa den Ø, som nu hedder Hlesø (Læssø); han var meget troldkyndig. Han foretog en Rejse til Asgaard, men Aserne vidste i Forvejen om hans Komme; han blev vel modtagen, dog med mange Øjenforblindelser. Om Aftenen, da man skulde til at drikke, lod Odin bære nogle Sværd ind i Hallen; de var saa blanke, at de lyste op, og der blev intet andet Lys benyttet, medens man sad ved Drikkelaget. Da gik Aserne til deres Gilde, og 12 af de Aser, der skulde være Dommere, satte sig i Højsæder; det var Tor, Njord, Frey, Ty, Heimdal, Brage, Vidar. Vaale, Ull, Hønir, Forsete, Loke; ligeledes Asynjerne Frigg, Freyja, Gevjun, Idun, Gerd, Sigyn, Fulla, Nanna. Ægir syntes det var et prægtigt Syn at se sig om der; alle Vægge var dækkede med skinnende Skjolde; der var stærk Mjød, og man drak tæt. Nærmest ved Ægir sad Brage; de drak med hinanden og talte med hinanden; Brage fortalte Ægir om mange af de Begivenheder, der var sket blandt Aserne. Han begyndte med at fortælle om at tre Aser, Odin, Loke og Hønir, drog hjemmefra; deres Vej faldt over Fjælde og Ørkner, og de kunde vanskelig skaffe sig Føde. Da de kom ned i en Dal, saa de en Øksneflok og tog en Okse og vilde koge den, men da de troede, at det hele var kogt og de undersøgte Sagen, var det endnu ikke kogt. Og anden gang, da de efter nogen Stund undersøgte Kødet, var det heller ikke kogt; de talte da om, hvoraf dette kunde komme. Saa hørte de en Røst i Træet ovenover sig; den, som dér sad, sagde, at det var hans Skyld, at det som var over Ilden ikke kunde blive kogt. De saa, at dér sad en meget stor Ørn. Da sagde Ørnen: "Hvis I vil give mig af Oksen saa meget jeg kan fortære, saa skal den blive kogt." Det sagde de ja til. Da dalede Ørnen ned fra Træet og satte sig ved Ildstedet, og greb straks op Oksens to Laar og derpaa begge Bovene. Da blev Loke vred og greb en stor Stang, svang den af alle Kræfter og drev den mod Ørnens Krop. Ørnen fór op ved Hugget og fløj afsted; da var Stangen fast ved Ørnens Ryg og Lokes Hænder ved Stangens anden Ende. Ørnen fløj netop saa højt, at Lokes Fødder berørte Sten og Klipper og Træer, og han troede, at hans Arme skulde rives fra Skuldrene. Han skreg og bad Ørnen ydmygelig om Fred, men den sagde, at Loke aldrig skulde slippe, medmindre han svor at ville bringe Idun ud af Asgaard med hendes Æbler, og Loke gik ind paa dette. Han blev da fri og kom tilbage til sine Rejsefæller; der fortælles nu ikke mere om hvad der skete paa deres Færd før de kom hjem. Paa den aftalte Tid lok-kede Loke Idun ud af Asgaard og hen til en Skov, idet han fortalte, at han havde fundet nogle Æbler, som hun vilde synes var Kostbarheder, og bad hende tage sine Æbler med for at sammenligne dem med hine. Da kom Jæt-ten Tjatse dér i Ørneham, tog Idun og fløj bort med hende hjem til sin Gaard i Trymheim. Men Aserne blev ilde tilmode ved Iduns Forsvinden og blev snart gamle og graahaarede. Da holdt Aserne Ting og den ene spurgte den anden, hvad han vidste senest om Idun; men det sidste, man havde set til hende, var at hun i Følge med Loke var gaaet ud af Asgaard. Da blev Loke tagen og ført til Tinget, hvor man truede ham med Døden eller Pinsler. Da han nu blev bange, sagde han at han vilde lede efter Idun i Jøtunheim, hvis Freyja vilde laane ham sin Fjederham. Da han havde faaet denne, fløj han nord til Jøtunheim og kom en Dag til Jætten Tjatse; denne var roet ud paa Havet, og Idun var alene hjemme; Loke forvandlede hende til en Nød, som han holdt i sine Klør, og fløj afsted saa stærkt han kunde. Da Tjase imidlertid kom hjem, savnede han Idun, tog sin Ørneham og fløj efter Loke i susende Fart. Men da Aserne saa, at Falken kom flyvende med Nødden og Ørnen bag-efter, gik de ud og hen til Asgaards Mur, og førte derhen hele Favne af

Høvlspaaner. Da Falken fløj ind over Borgen, lod den sig falde ned lige inden-for Væggen, men Aserne antændte Høvlspaanerne; da Ørnen ikke fik Falken fat, kunde den ikke stanse Farten, Ilden fængede i Ørnens Fjere, og saaledes blev dens Flugt stanset. Da var Aserne nær og dræpte Jætten Tjatse indenfor Asagærdet; det Drab er meget berømt. Men , Tjatses Datter, iførte sig Hjælm og Brynje og fuld Rustning og begav sig til Asgaard for at hævne sin Fader; Aserne tilbød hende Forlig og Bøder, først og fremmest den, at hun blandt Aserne skulde vælge sig en Mand, men kun efter Benene; mere skulde hun ikke have Lov til at se. Da hun saa saa en af Guderne med underskønne Ben, sagde hun: "denne vil jeg vælge. Alt er smukt paa Balder". Men det var Njord fra Noatun. -[Hvad der herefter følger, handler hovedsakelig om Digterdrik-kens Oprindelse i Tilslutning til foranstaaende Fortælling].

(17) Engang da Tor var dragen til Østerleden for at slaa jætter ihjel, red Odin paa Sleipnir til Jøtunheim og kom dér til Jætten Hrungnir. Denne spurgte, hvem Manden med Guldhjælmen var, der red igen-nem Luften og over Havet, og sagde, at det var en mærkelig god Hest, han havde. Odin sagde, at han vilde vædde sit Hoved paa, at der ikke i Jøtunheim fandtes saa god en Hest. Hrungnir svarede, at det vel var en god Hest, men han havde dog een, der tog langt større Skridt, og den hed Guldfakse. Hrungnir blev vred, besteg sin Hest og sprængte afsted og vilde straffe Odin for hans Pralerier. Odin red saa stærkt, at han stadig havde et lille Forspring, men Hrungnir var greben af en saa stor Jættevrede, at han ikke vidste noget af, før han var kommen indenfor Asgaards Port. Da han kom til Hallens Dør, bød Aserne ham til Drikkelag; han gik ind i Hallen og forlangte noget at drikke. Der blev da taget de Skaale, som Tor plejede at tømme, og Hrungnir tømte enhver af dem i eet Drag. Men da han blev drukken, manglede der ikke hovmodige Ord; han sagde, at han vilde tage Valhal op og flytte den til Jøtun-heim, sænke Asgaard og dræbe alle Guderne undtagen Freyja og Siv, dem vilde han have hjem med sig; Freyja alene havde Mod til at skænke for ham, og han vilde, sagde han, drikke alt hvad der var af Øl hos Aserne. Men da

Aserne blev kede af hans Storpralerier, nævnede de Tors Navn, han kom straks ind i Hallen og svang sin Hammer meget vred og spurgte, hvis Skyld det var, at hundkloge Jætter skulde drikke dér, eller hvem der havde givet Hrungnir Lejde til at opholde sig i Valhal, og hvorfor skænkede for ham som ved et Gudegilde. Da svarede Hrungnir, og saa paa Tor, men ikke med Venneøjne, at det var Odin, der havde indbudt ham til Drikkelag, og det var ved hans Lejde, han var der. Da sagde Tor, at den Indbydelse skulde Hrungnir fortryde, inden han kom ud. Hrungnir sagde, at det var Tor en liden Ære at dræbe ham, der var uden Vaaben, men at det var et større Bevis paa Mod, hvis Tor turde kæmpe med ham ved Grænsen ved Grjotunagaard - "det var ogsaa forfærdelig dumt," sagde han, "at jeg efterlod hjemme mit Skjold og min Hén, ti hvis jeg havde her mine Vaaben, skulde vi med det samme prøve Holmgang, jeg derimod erklærer dig for at være en Nidding, hvis du dræber mig vaabenløs." Tor vilde paa ingen Maade undlade at møde til Tvekampen, siden han blev udfordret til Holmgang; det havde ingen budt ham før. Hrungnir drog da bort og red stærkt lige til han kom til Jøtunheim; blandt Jætterne blev hans Rejse meget berømt, samt det, at et Kampstævne mellem ham og Tor var berammet. Jætterne syntes at meget stod paa Spil med Hensyn til hvem der sejrede; de kunde vente sig alt ondt af Tor, hvis Hrungnir faldt, ti han var den stærkeste af dem. Da dannede Jætterne paa Grjotunagaard en Mand af Ler ni Raster høj og tre Raster bred under Armene; men de fik intet Hjærte af passende Størrelse til ham, førend de tog Hjærtet af en Hoppe, men da Tor kom, vilde det ikke rigtig sidde fast. Hrungnir havde et Hjærte, som er bekendt, af en haard Sten og med tre Takker, saaledes som den udskaarne Figur, der kaldes Hrungnishjærte; hans Hoved var ogsaa af Sten, ligeledes hans Skjold, der var stort og tykt; dette holdt han foran sig, dér han stod paa Grjotunagaard og ventede paa Tor; en Hén benyttede han som Vaaben og havde den paa Skulderen; han var ikke hyggelig at se paa. Paa den ene Side af ham stod Lerjætten, hvis Navn var Møkkurkalve, han var meget bange; det siges, at da han saa Tor, lod han sit Vand. Tor kom nu til Stævnet og Tjalve med ham. Da løb Tjalve frem hvor Hrungnir stod og sagde til ham: "du er uforsigtig, Jætte, du holder Skjoldet for dig, men Tor har set

83

dig og tager nu Vejen nede under Jorden og vil overfalde dig nedefra." Da skød Hrungnir Skjoldet under sine Fødder og stod derpaa, men greb Hénen med begge Hænder. Derpaa saa han Lyn og hørte drønende Tordenskrald, og saa Tor komme i Asavrede; han for voldsomt afsted, svang Hammeren og kastede den i lang Afstand mod Hrungnir. Denne løftede Hénen med begge Hænder og kastede den imod ham; den mødte Hammeren i Luften og brast itu; den ene Del faldt ned paa Jorden og fra den stammer alle Sandstens-Bjærge; den anden Del ramte Tor i Hovedet, saa at han faldt næsegrus til Jorden, men Mjølnir ramte Hrungnir midt i Hovedet og splintrede det i smaa Stumper; han faldt frem over Tor, saa at hans Ben kom til at ligge over Tors Hals. Tjalve angreb Møkkurkalve, og denne faldt uden synderlig Berømmelse. Da gik Tjalve til Tor og vilde befri ham for Hrungnirs Ben, men kunde ikke rokke det. Saa kom alle Aserne til, da de hørte, at Tor var falden, og vilde løfte Benet af ham, men de fik heller ikke rokket det. Da kom Magne, en Søn af Tor og Jærnsaksa, til; han var da tre Nætter gammel; han løftede med et Kast Hrungnirs Ben af Tor og sagde: "det var en Ulykke, Fader, at jeg kom saa sent; jeg tror jeg kunde have slaaet denne Jætte ihjel med min Næve, hvis vi havde mødtes." Da stod Tor op og hilste sin Søn hjærtelig og sagde, at han vilde blive stor og stærk af sig, - "og jeg vil give dig Guldfakse, den Hest, Hrungnir har ejet." Da sagde Odin, at det ikke var rigtigt af Tor at give en saa god Hest til en Jættekvindesøn i Stedet for til sin Fader. Tor begav sig hjem til Trudvange, men Hénen stod fast i hans Hoved. Da kom Vølven Groa, Ørvandil den tapres Hustru, og sang sine Galdersange over Tor, indtil Hénen begyndte at løsnes. Men da Tor mærkede det og troede, at Hénen vilde naas ud, vilde han lønne Groa for Helbredelsen og gøre hende glad; han fortalte hende da, at han havde vadet over Elivaage og baaret Ørvandil i en Kurv paa sin Ryg nord fra Jøtunheim; og til Bevis derpaa var, at en af Ørvandils Tæer, som stak ud af Kurven, og som var helt stivfrossen, havde Tor brudt af og kastet den op paa Himlen og gjort deraf en Stjærne, kaldt Ørvandilstaa, og Tor tilføjede, at det vilde ikke vare længe, til Ørvandil kom hjem; herover blev Groa saa glad, at hun glemte alle sine Galdersange. Hénen blev saaledes ikke løsere og staar endnu i Tors Hoved. For Forsigtigheds Skyld bliver man advaret imod at kaste et Stykke Hén tværs over Gulvet, ti da bevæger Henen i Tors Hoved sig.

(18) Tors Rejse til Geirrødsgaard er vel værd at fortælle om. Da havde han hverken Hammeren Mjølnir eller Styrkebæltet eller Jærnhandskerne, og det var Loke Skyld i; han rejste med ham. Engang da Loke fløj ud i Friggs Falkeham for at more sig, var han af Nysgerrighed fløjen til Geirrødsgaard, hvor han saa en stor Hal; dér satte han sig og saa ind igennem en Glug; Geirrød saa ham derude sagde, at man skulde tage Fuglen og bringe ham den; den udsendte havde megen Møje med at klavre op paa Hallens Væg - saa høj var den. Det morede Loke kostelig, at det faldt ham saa vanskeligt, og han havde tænkt sig ikke at ville flyve op, før Sendebudet var kommen hele den vanskelige Vej, men ligesom dette var kommet hen til ham og han udspilede Vingerne og stemte haardt med Fødderne imod Taget , [for at komme hurtigere bort], sad hans Fødder fast, saa at Loke blev taget tilfange og bragt til Jætten Geirrød. Men da denne saa hans Øjne, formodede han, at det var et Menneske, og bød ham at tale, men Loke tav. Da lukkede Geirrød Loke ned i en Kiste og sultede ham i tre Maaneder. Men da Geirrød tog ham op igen og opfordrede ham til at tale, fortalte Loke, hvem han var; for at frelse sit Liv aflagde han Ed til Geirrød paa, at han skulde faa Tor til at rejse til Geirrødsgaard, saaledes at han hverken havde Hammeren eller Styrkebæltet. Tor gæstede Jættekvinden Grid, der var Moder til Vidar den tavse. Hun fortalte Tor Sandheden om Geirrød, at han var en hundklog Jætte og slem at have at gøre med. Hun laante ham et Styrkebælte og Jærnhandsker, som hun ejede, samt sin Stav, Gridarstokken. Da begav Tor sig til den Elv, som hedder Vimur, den største af alle Elve. Da spændte han Styrkebæltet omkring sig og stemmede Stokken mod Strømmen, men Loke klyngede sig til hans Styrkebælte. Da Tor kom midt ud i Elven, voksede den saa stærkt, at den slog mod hans Skulder; da kvad Tor:

Voks ikke Vimur,
da jeg gærne vil
vade til Jøtunheim;
hvis du vokser,
vid at min Asastyrke
vokser højt mod Himlen.

Da saa Tor, at Gjalp, Geirrøds Datter, stod i en Klippekløft højere oppe og skrævede over Elven og bevirkede, at Vandet steg i Elven. Da tog Tor en Sten fra Bunden og kastede den imod hende og sagde: "ved Udspring skal Elv opdæmmes". Han ramte der, hvorefter han sigtede. I samme Øjeblik kom han til Land og fik fat i en Røn og kom saaledes op af Elven. Derfor bruges det Mundheld, at "Røn er Tors Redning". Men da Tor kom til Geirrød, blev han og hans Ledsager først ført hen til en Gedestald, hvor der kun var en Stol at sidde paa. Tor satte sig ned, men mærkede, at Stolen løftedes med ham helt op til Taget; saa stødte han Gridarstokken mod Tagsparrerne og trykkede Stolen saaledes ned med Kraft; da hørtes der et stærkt Brag, ledsaget af et Skrig. Under Stolen havde begge Geirrøds Døtre, Gjalp og Greip, været, og han havde knækket Ryggen i dem begge to. Saa lod Geirrød Tor hente ind i Hallen for at deltage i Lege; store Baal brændte hele Hallen igennem. Da nu Tor kom lige over for Geirrød, tog denne med en Tang en glødende Jærnbolt og kastede den mod Tor, men han opfangede den med Jærnhandsken og svang den for at kaste den tilbage; Geirrød sprang da bag en Jærnsøjle for at søge Frelse. Tor skød Bolten igennem Søjlen og Geirrød og gennem Væggen, saa at den først stansede udenfor i Jorden.

(33) Loke Løvøsson havde ved Svigefuldhed engang klippet alt Haaret af Siv. Da Tor erfarede det, greb han Loke og vilde have knust hver Knokkel i ham, hvis han ikke havde aflagt Ed paa at ville bevæge Sortalverne til af Guld at lave Haar til Siv, der skulde kunne vokse som andet Haar. Saa begav Loke sig til de Dværge, som kaldes Ivaldes-Sønner, og de

smedede Haaret og tillige Skibladnir og Odins Spyd Gungnir. Da væddede Loke med sit Hoved som Indsats med Dværgen Brokk om, at hans Broder Sindre ikke kunde forfærdige andre lige saa gode tre Kostbarheder. Da de kom til Smedjen, lagde Sindre et Svineskind i Essen og bad Brokk trække Blæsebælgen uafbrudt til han tog ud af Essen, hvad han havde lagt i den. Saa snart han var gaaet ud af Smedjen, kom en Flue flyvende og satte sig paa den blæsendes Haand og stak, men han trak Bælgen som før, indtil Smeden tog det indlagte ud af Essen; det var en Galt, hvis Børster var af Guld. Dernæst lagde han en Guldklump i Essen og bad Brokk blæse og ikke holde op, før han kom tilbage; saa gik han bort; Fluen kom og satte sig paa Brokks Hals og stak dobbelt saa stærkt som før, men han blæste, indtil Smeden tog ud af Essen den Guldring, der kaldtes Drøpnir. Saa lagde han et Jærnstykke i Essen og bad Brokk blæse, og sagde, at hvis Blæsebælgen stansede, vilde det hele være ødelagt. Da satte Fluen sig mellem hans Øjne og stak ham i Øjenlaagene; først da Blodet løb ned i hans Øjne, saa at han intet kunde se, tog han et Øjeblik med sin Haand og fejede Fluen bort, saa at Bælgen faldt sammen; da kom Smeden og sagde, at alt, hvad der var i Essen. paa et hængende Haar var blevet ødelagt. Saa tog han en Hammer ud af Essen. Alle disse Kostbar-heder gav han til sin Broder Brokk og bad ham bringe dem til Asgaard og faa Væddemaalet afgjort. Da han og Loke bar Kostbarhederne frem, satte Aserne sig paa Domstolene, og hvad Odin, Tor og Frey bestemte, skulde være afgø-rende. Da gav Loke Odin Spydet Gungnir, Tor Haaret til Siv, og Frey Skiblad-nir og fortalte alle disse Kostbarheders Egenskaber, at Spydet altid gennem-borede alt, Haaret vilde vokse sammen med Huden, saa snart det kom paa Sivs Hoved, og at Skibladnir vilde have Medbør, saa snart Sejlet hejstes, hvor man saa end skulde hen, men naar man vilde, kunde Skibet vikles sammen som en Dug og gemmes i ens Pung. Da bar Brokk sine Kostbarheder frem. Han gav Odin Ringen og sagde, at hver niende Nat vilde der dryppe af den otte Guldringe lige saa tunge som den selv. Frey forærede han Galten og sagde, at den kunde løbe gennem Luft og over Hav Nat og Dag hurtigere end nogen Hest, og at der aldrig vilde være saa mørk en Nat eller saa dunkelt i Mørkets Verden (Underverdenen), at der ikke blev lyst, hvor den kom; saa lysende var dens Børster. Saa gav han Tor Hammeren og sagde, at med den kunde han slaa saa haardt som han vilde mod hvad som helst, ti Hammeren vilde ikke svigte, og hvis han kastede den efter noget, vilde han aldrig tabe den, og aldrig vilde den flyve saa langt bort, at den ikke vilde vende tilbage i hans Haand; hvis man vilde, kunde den blive saa lille, at man kunde gemme den paa sit Bryst; men den havde den Fejl, at Skaftet var noget for kort. Det blev Gudernes Dom, at Hammeren var bedst af alle Kostbarhederne, da den var det bedste Værn mod Rimturserne, og de dømte, at hvad de havde væddet om skulde tilfalde Dværgen. Loke tilbød da at løse sit Hoved, men Dværgen erklærede, at derom kunde der ikke være Tale. "Tag mig da", sagde Loke; da han saa vilde tage ham, var han med eet langt borte. Loke ejede et Par Sko, hvorpaa han kunde løbe gennem Luft og over Hav. Da bad Dværgen Tor om at fange ham, og det gjorde han. Da vilde Dværgen hugge Hovedet af Loke, men Loke sagde, at han ejede kun Hovedet, men ikke Halsen. Da tog Dværgen en Rem og en Kniv og vilde stikke Huller i Lokes Læber for at sy hans Mund sammen, men Kniven bed ikke. Da sagde Dværgen, at hans Broders Syl vilde være bedre, og i det samme som han nævnede denne, var Sylen der, og den bed paa Lokes Læber; han syede da Læberne sammen, men Loke sprængte Hullerne [ved at spærre Munden op]. Den Rem hvormed Lokes Mund blev syet sammen, hedder Vartare.

Anmærkninger

Til Fortalen

Denne Snorres Fortale er helt igennem præget af den samme Euhemerisme som hans Fremstilling i Heimskringla (Ynglingesaga), idet han opfatter "Odin og Aserne" som et jordisk Folk, indvandret til Norden fra Asien, og som oprindelig havde haft andre Navne, men som senere havde taget sig de gamle Guders Navne og derfor dyrkedes som disse havde været det i længst forsvundne Dage. Denne Forestilling om to Slags Odin og Aser - virkelige Guder og Mennesker, der havde bemægtiget sig hines Plads - har sat dybe Mærker i Snorres Fremstilling og det var at vente, tillige voldet Uklarhed og Forvirring paa flere Punkter. Deraf Udtryk som "Alfader" om den ældste egenlige Odin-Gud, Navnet "det gamle Asgaard" osv. Navnet "Alfader" med den Klang, som det hos Snorre har faaet, fører over til den Paavirkning af kristelig Lære og Biblens Historie, som Snorre øjensynlig - og ikke mindst i Fortalen - har ladet sig beherske af. Dette maa man under Læsningen af hans "Gudelære" have i Erindringen.

Kap. 2. "Evropa eller Ænea"; det sidste Navn, som Snorre ogsaa bruger i Yngls., er en Hentydning til Æneas og Trojanerne, hvem man i Middelalderen yndede at betegne som flere evropæiske Stammers Forfædre.

Kap. 3. "Tyrkland" - ogsaa brugt i Yngls.; betegner Trojas Omegn (eller Lille-asien); her boede fra det 11. Aarh. de seldsjukiske Tyrker; men Tyrker iden-tificeredes med *Tevkrer*, et Navn paa Trojanerne.

"12 Høvdinger" hænger mulig sammen med de 12 Raadgivere, som Snorre omtaler hos Sveakongen i historisk Tid; jfr, Kap. 5.

"*Troan*" er simpelt hen det latinske Adj. Troiana.

"*Lorikus*" er mulig en Latinisering af Lórriði : Tors Navn Hlórriði. - Lora (Glora) er fingeret Navn.

"en af de største Drager" hentyder vistnok til Midgaardsormen.

Sægtregistret Loride-Einride osv. er vilkaarlig lavet; Loride er Tors eget Navn Hlóriði, ligeledes de 3 følgende nemlig Einriði, Vingþórr og Vingnir. Moda og Mage er Navnene paa Tors to Sønner Móði og Magni. Det følgende Slægtregister, der begynder med Seskef (כ: se Skef, angelsaksisk = den Skef), er direkte hentet fra en angelsaksisk Kilde, enkelte Led er oversprungne; det samme gælder de andre Slægtregistre i Fortalen. I enkelte Tilfælde anføres de nordiske Navne i en folkeetymologisk Omdannelse. Jat er egl. = Geat, nord. Gautr.

Kap. 4. "Heingestr" er Hengist, Horsas Broder. "Reidgotaland" nævnes for-skellige andre Steder, hvoraf det fremgaar, at Navnets Betydning er noget usikker. "Red-Goterne" er egl. Hreið-Gotar, = "de berømte Goter".

Kap. 5. "Háleygjatal" er et Digt af Eyvind Skaldespiller om Hakon Jarl; i det opregnedes Hakons Forfædre, Haaløgejarlerne; af Digtet haves der nu kun nogle faa Brudstykker. - I Slutningen af Kap. antydes særlig keltiske Navne i England og Skotland.

Til Gylfaginning.

I de fleste Hdskrr. - undt. Upsalahdskr. - begynder Gg. med et Kapitel om Kong Gylfe og Gevjon og Sællands Oprindelse. Det genfindes i Heimskringla og er uden Tvivl et yngre Fabrikat efter denne. Det er derfor her ikke medtaget.

Kap. 1. "Tjodolf den hvinverske" var en Skjald, nøje knyttet til Kong Harald Haarfagre. Han forfattede et Digt om billedlige Fremstillinger paa et Skjold, Haustløng, samt et genealogisk Digt, Ynglingatal. Ved en Misforstaaelse tillægges ham det følgende Halvvers, der er af et Digt om Kong Harald og Hafsfjordslaget, digtet af Haralds anden berømte Skjald *Torbjørn Hornklove*. Det er det eneste Skjaldecitat, Snorre anfører i Gg. Alle andre Vers her er af Eddadigte, se nedenstaaende Fortegnelse.

"Høj svarede, at han ikke skulde komme levende ud" Høj har opfattet Gangtræts Ord som Opfordring om at indlade sig i en Væddestrid om Kundskaber, ganske som Tilfældet er med Odin og Vavtrudnir.

Kap. 2. I Fremstillingen af Alfader og de her nævnte 12 Navne hersker der en dobbelt Forvirring, (se ovf.), dels fordi den kristne Gud stærkt spiller ind, dels paa Grund af Adskillelsen af det gamle og det yngre Asgaard; Snorre har endnu ikke i Begyndelsen af Gg. - som senere hen i Fremstillingen - frigjort sig for Fortalens Euhemerisme. - Hvad Navnene angaar, er Nikar og Hnikar, Nikud og Hnikud et og det samme; "Jalg" er intet nordisk Ord overhovedet. Læren om de ni Verdner i Hels Rige beror paa et Vers i Vavtrudnismaal.

Kap. 4. "Eddergæring"; Origs. Ord er *eitrkvika*; med *eitr*, Edder, betegnes en isnende, gennemtrængende Kulde; det er Kuldestoffet i de fra det højeste Nord flydende Elve, der menes, og som tillige, som det synes, skulde have bevirket en Svulmen i Elvene. "ved dens Hjælp, som sendte Varmen", hermed menes vistnok Alfader (Gud).

Kap. 5. I Slutningen findes der en Dunkelhed i Udtrykkene, der atter hidrører fra Forestillingen om Gud-Alfader og den dobbelte Odin. - "Kan I" ɔ: I Mennesker.

Kap. 6. "Lur": Snorre har aabenbart forstaaet Ordet som "Lur" (eller mulig som Kværnkasse); derfor bruger han Udtrykket "besteg", han tænker sig naturligvis en Lur af uhyre Dimensioner. I det følgende Vers (af Vavtrudnismaal) hedder det imidlertid: "blev paa Ludr lagt", hvoraf det fremgaar, at *lúðr* umulig kan betyde "Lur"; det betyder muligvis Ligbaare (el. lign.).

Kap. 7. "Urer", Orig. *urðir* (norsk *ur*) er de uordentlige Stenophobninger, der især er fremkomne ved et Fjældskred (Sten med skarpe Kanter og Huler imellem). - Med "Borg" menes særlig selve Borgvolden eller - som her - det omgivende Plankegærde.

Kap. 8. "Det Sted kalder man [Menneskene] Troja" er mulig et Indskud i Snorres Tekst. Slutningen af dette Kapitel lyder meget mærkeligt noget ulogisk (en Del minder om Fortalen). Men det kommer vel af, at Snorre ikke kunde have et fuldstændigt Overblik over hele Stoffet og den Maade, hvorpaa det senere hen vilde forme sig - i Overensstemmelse med Oldtidens Maade at skrive paa. "Hans Hustru hed Frigg osv." Til Kapitlets Slutning burde helst være udeladt.

Kap. 9. "Nat kører foran" jfr. Tacitus, Nox ducere diem videtur" (Germ. K. 11).

Kap. 10. "i nogle Digte kaldes denne Indretning Isarnkol". Hermed sigtes der til Grimnismaal 37, hvor Ordet findes; dette enestaaende, forældede Ord har været noget fremmed for Snorre.

Kap. 11. "Maanegarm". Dette Navn findes kun hos Snorre, men han har sikkert ikke lavet det. Derimod har han aabenbart misforstaaet det benyttede Vers af Vølvens Spaadom. Her hedder det, (i v. 11) "Himmellegemet", i orig. *tungl*; dette Ord har Snorre opfattet i den almindelige Betydning i hans - og senere - Tider: Maane, medens det betyder i Digtet Himmellegeme, d.v.s. Solen; i Verset er der altsaa kun Tale om en Ulv, Solulven, men ikke om nogen Maaneulv. I Grimnismaal 39 er der Tale om to Solulve, Skoll og Hate, men ikke om nogen Maaneulv. Snorres Fremstilling beror derpaa her paa - en let forklarlig - Misforstaaelse og en deraf flydende vilkaarlig Kombination.

Kap. 13. "Hørg" betyder efter dette Sted - og andre - et Hus, maaske snarest Tempel for Gudinderne. Det forekommer i øvrigt hyppigst i Forbindelsen "Hov og Hørg".

"Kvindernes Ankomst"; dette beror paa Vølv. Spaad. 8, hvor det hedder, at, Guldalderen varede "indtil der kom tre meget kraftige Tursemøer fra Jøtunheim". Snorre har vistnok ikke været paa det rene med, hvad der mentes. Almindelig antager man, det er Nornerne, der menes, hvad dog maaske ikke er Tilfældet.

Naar Dværgene spiller i det følgende saa stor en Rolle, hidrører det fra, at Snorre her ligefrem følger Digtet (Vølv. Sp.), hvor der findes i den overleverede Tekst et langt - senere - Indskud om Dværgene.

Vers 13: "af blodigt Skum" er en urigtig Tekst for "af Brimis Blod"; baade Brimir, (af *brim* Brænding), og Blaain (af *blár* blaa) er Navn paa Ymir, - det første hentyder til Havet, det sidste til (den blaa) Himmel.

Dværgeversene er et Sammenpluk fra flere Sider, som det ses bl.a. af, at samme Navn (Ore) findes to Gange.

Kap. 14. "drikker... med Hornet Gjallarhorn"; dette beror paa en Misforstaa-else. Ifølge Vølvens Spaadom blev Gjallarhorn gemt under Verdenstræet - en Forholdsregel, taget i Anledning af Ragnarøk. Snorre har deraf sluttet, at det maatte være i Mimirs Varetægt, og, forudsat at Ordene virkelig hidrører fra ham, benyttet som Drikkehorn (jfr. V. 18: "af Valfaders Pant" osv.)

"Askens tredje Rod staar i Himlen"; Snorre har vel ikke gjort sig ganske klart, hvorledes dette kunde være, men denne Opfattelse var uundgaaelig for en-hver, der tænkte sig Asgaard, Gudeboligen, i Himlen. Oprindelig tænktes den nede paa Jorden, og dermed ligeledes denne 3. Rod under Asken.

Kap. 15. "fire Hjorte", en yngre Forestilling; den ældre, een Hjort, findes netop i det følgende Vers. Paa lignende Maade er ogsaa den ene oprindelige Orm bleven i senere Forestillinger mangfoldiggjort.

Kap. 16. "Mørkalver" er identiske med Dvergene i Klipper og Jorden.

Kap. 19. Det her anførte Vers, V. 26, er hentet fra Lokasenna, men i Snorres Eksemplar af Digtene har Lokas. været noget i Uorden, hvis Verset ikke er citeret efter svigtende Hukommelse, ti det er en Sammenstykning af 3 Vers i Digtet som det foreligger i Eddadigtenes Hovedhaandskrift.

"da han var kommen til Kong Geirrød"; herved hentydes til den følgende Navneremse fra Grimnismaal, hvor Odin, forklædt som Grimnir, opregner flere af sine Navne, som han ved tidligere Lejligheder har taget sig. I sin nu-værende Form er denne Del af Digtet stærkt interpoleret.

"hidrører fra den Omstændighed" osv. Snorre angiver to Slags Oprindelse til Navnene dem, han forstod (som Sidhat, Sidskæg og lign.), forklarer han som nordiske; de andre, han ikke kunde forklare (som Unn), mener han tilhører fremmede Sprog.

Kap. 21. "Baldersbraa" er Matricaria inodora.

Kap. 23. Naar Freyja sættes i Forhold til Valen. sammenblandes hun med Frigg, hvis det ikke blot beror paa en Tekstfejl i det til Grund liggende Digt.

Kap. 25. De her givne Ordforklaringer er naturligvis urigtige; *bragr* kan ikke komme af *Bragi*, men Ordene er dog rodbeslægtede. I Slutningen af Kapitlet hentydes til Sagnet om Jætten Tjatse, se Tillæg, Kap. 1.

Kap. 29. "Aale" som andet Navn paa Vaale findes kun her; i ældre Kilder findes kun det sidste; det første beror vel paa en Misopfattelse.

Kap. 34. De fleste af de her anførte Asynjer er kun Personifikationer af forskellige Egenskaber hos Frigg selv. Saaledes findes Hlin f. Eks. ligefrem som Navn paa Frigg i Vølvens Spaadom. "Saaga" er tidligere blevet opfattet som "Saga" (Historiens Gudinde), hvilket paa Grund af Vokalens Art er umuligt. Ordet betyder "Seersken".

Kap. 36. Hvem Bele var, vides ikke; mulig en nær Slægtning af Gerd, der var misfornøjet med hendes Bryllup med Frey.

Kap. 37. "naar Ulven kommer" ɔ: naar Ulven slipper løs ved Ragnarøk. Heraf og af flere andre Steder ses, at Fenrisulven betragtes som Gudernes Hovedfjende; derfor kæmper ogsaa Odin med den. Jfr. V. 44.

Kap. 38. M. H. t. Elvenavnene jfr. Kap. 3.

Kap. 40. "Gudernes egne Ord", fordi Verset er taget af Grimnismaal, hvor Odin selv er den talende.

Kap. 41. Grunden til, at Guderne ingen Borg havde og derfor trængte til en Bygmester, var den, at deres oprindelige Borg var bleven ødelagt i Krigen med Vanerne, hvilket omtales i Vølv. Spaad. 24: "brudt var Asaborgens Bræddevæg"; jfr. de to følgende Vers, der hentyder til Gudernes Forhold til Bygmesteren.

Kap. 46. Hvad *grés* i Gresjærn betyder, vides ikke.

"forvildende Ild", i Orig. "vild Ild"; dette antager jeg betyder en Ild, som er fremkaldt ved øjenforblindelse, men som i Virkeligheden ingenting var. For Udgaardsloke maatte dette være lige saa let som f. Eks. at gøre sin egen "Hu" til en synlig Person.

Kap. 47. "Agnkniven", den Kniv, hvormed man skærer Maddingen ud af Skallen eller i Stykker. *Agn* = Madding.

"og man siger osv."; dette fortæller f. Eks. Skjalden Ulv Uggason (10. Aarh.) i sin Husdrape.

Kap. 49. "Da tog Skade osv."; at det er Skade, der gør dette, forklares ved Fortællingen i Tillæg Kap. 1.

Kap. 51. Her har Snorre begaaet en af sine største Fejltagelser, idet han, ledet af kristelige Forestillinger om evige Straffe efter Dommens Dag, har henført de ondes Straffe til Tiden efter Ragnarøk. I Vølv. Spaad., der ligger til Grund for hans Fremstilling, omtales Straffen (og Straffestederne) før Ragnarøk. Der er heller ingen Tvivl om, at i og med Ragnarøk forsvinder alt ondt og urent, al Synd og Fordærv. Efter Ragnarøk lever kun de brase og skyldfri Slægter.

"som hedder Sindre" er en unøjagtig Gengivelse af det benyttede Vers; Huset hed ikke Sindre, men tilhørte "Sindres Æt" d. v. s. Dværgene.

Tillæg.

(1) Jfr. Gg. Kap. 22 og 25.

(17) "'hundkloge Jætter", "hund" er egl. kun forstærkende og identisk med Ordet hundred. Men i Snorres Tid synes man at have sat Ordet i Forbindelse med "en Hund" og brugt det i en nedsættende Betydning.

"Hjærtet af en Hoppe". Det er endnu et almindeligt Skældsord paa Island at sige, at "en er saa ræd som en Hoppe" eller at "en har et Hoppehjærte".

"Hrungnishjærte" er vistnok Navnet paa det bekendte Tegn, der kaldes Mariekorset.

"Stjærnen Ørvandilstaa", usikkert, hvilken Stjærne, der menes.

Versene.

Fra *Vølvens Spaadom* er følgende: 3 (V. 3), 4 (V. 52), 8 (V. 5), 11-12 (V. 40-41), 13-17 (V. 9-16), 18 (V. 28). 23 (V. 19), 24 (V. 64), 47-48 (V. 25-26), 50 (V. 45), 51-59 (V. 46-48, 50-54, 56-57), 61-63 (V. 38-39).

Fra *Vavtrudnismaal*: 6 (V. 31), 7 (V. 35), 25 (V. 37), 45 (V. 41), 60 (V. 18), 64-66 (V. 51,45, 47).

Fra *Grimnismaal*: 9-10 (V. 40-41), 19 (V. 29) 21-22 (V. 35, 34), 27 (V. 46-47, 54), 28 (V. 24), 29 (V. 12) 32-33 (V.11. 14), 34 (V. 13), 36 (V. 15), 39 (V. 36), 41-43 (V. 18-20), 44 (V. 23). 46 (V. 44).

Fra *Haavamaal*: 2 (V. 1).

Fra *Skirnismaal*: 40 (V. 42).

Fra (Hyndluljod) *Vølvens Spaadom* den korte: 5 (Hyndl. 33).

Fra *Faafnismaal*: 20 (V. 13).

Fra *Lokasenna*: 26 (V. 21, 47, 29).

Fra *Heimdalargaldr*: 35.

Fra *ubestemte* Digte: 30-31, 37-38, 49, Tillæg (18).

Navneregister

Funden 30.
Gamul ("Gammel") 52.
Gandalv ("Tryllealv") 30.
Gangdoven 45.
Ganglad 45.
Ganglere ("Gangtræt", Odin) 37.
Gangtræt = Gylfe 18 osv.
Gapul ("den fremstyrtende") 52.
Gardrofa ("Gærdebryderske") 48.
Garm 54. 73.
Gave = Gevis 16.
Gefn (=Freyja) 47.
Geirahad ("Spydkamp") 49.
Geirrødsgaard 85.
Geirrød, Konge 37.
Geirrød 85-86.
Geirvimul ("Spydvrimlende") 52.
Gelgja 47.
Gerd 49. 80.
Gere ("den graadige") 51.
Gevis = Gave 16.
Gevjun 47. 80.
Gimle 20. 35. 76.
Ginnar ("Lokkeren") 31.
Ginnungegab ("den vide Kløft") 20. 21. 23. 24. 31.
Gipul ("den slugende") 52.
Gisl ("Straalen") 32.
Gjald ("den klingende", en Sten) 47.
Gjall ("den brusende") 20. 49.
Gjallarhorn 31. 42. 73.
Gjalp ("den støjende") 86.
Glad ("den skinnende") 32.
Gladsheim ("det straalende Hjem") 29.
Glapsvinn ("Klogskab-berøvende") 37.
Gleipnir ("Slugeren") 42. 46.
Glen ("den stirrende"?) 26.
Glen (en Hest) 32.
Glitnir ("den straalende") 35. 44.
Gloin ("den lysende") 30.

Glora = Lora 15.
Gnaa ("den ufortrødne") 48. 49.
Gnipahulen 73.
Goin ("i Jorden levende") 34.
Graabag 34.
Graad ("den graadige") 53.
Gravvitnir ("Grav-Ulven") 34.
Gravvøllud ("den, der graver sig ned i Marken") 34.
Greip ("den gribende") 86.
Grid 84.
Gridarstok 85. 86.
Grim ("den maskerede") 37.
Grimnir ("den maskerede") 37.
Grimnismaal 38. 49. 53.
Grjotunagaard 83.
Groa 86.
Gudolf 16.
Guldfakse 82. 84.
Guldtop 32. 42. 68.
Gungnir 73. 87.
Gunn ("Kamp") 49.
Gunntraa og -train ("den stride") 20. 52. 53.
Gyldenbørst 68.
Gyldentand (=Heimdal) 42.
Gylfe 18. 19.
Gyllir 32.
Gymir ("den langsomme"?) 49.
Gøll ("Larm") 49.
Gøndlir ("Krigeren", Odin) 37.
Gøt (Odin) 37.
Haar ("den graahaarede") 30.
Haar ("den Høje", Odin) 29.
Haarbard ("Graaskæg", Odin) 29.
Hall 53.
Háleygjatal (et Digt af Eyvind) 17.
Hallinskide ("den hælende"? = Heimdal) 42.
Hamskerpir ("hvis Hud er haard") 48.

www.heimskringla.no

Heimskringla Reprint er en serie genudgivelser af bøger, som ikke længere er tilgængelige, hovedsageligt norrøne kildetekster og baggrundsmateriale for disse. Serien udgives som en del af projektet *Norrøne Tekster og Kvad,* hvis formål er at formidle norrøn litteratur. Projektets hjemmeside – www.heimskringla.no – er i dag den største database med norrøne tekster på internettet.

Indtil videre består serien af disse titler:

1. Hans Georg Møller: Den ældre Edda (dansk)
2. Finnur Jónsson: Snorre Sturlusons Gylfaginning (dansk)
3. Finnur Jónsson: Are Thorgilssons Íslendingabók (oldislandsk og dansk)